JN144155

希望の教育へ

子どもと共にいる神

レギーネ・シントラー
深谷　潤 訳

日本キリスト教団出版局

カーラ＆ヴォルフガング・フーバー夫妻と
福音主義改革教会シュテファ教区に

Zur Hoffnung erziehen
Gott im Kinderalltag
by Regine Schindler
Copyright © of the German original version
Theologischer Verlag Zürich, Verlag Ernst Kaufmann, Lahr 1999

Japanese Edition Copyright 2016
tr. by FUKAYA Jun
Translated by Permission of
Theologischer Verlag Zürich
Published by
The Board of Publications
The United Church of Christ in Japan
Tokyo, Japan

希望の教育へ

目次

まえがき　9

序　子どもたちにとって宗教、それとも諸宗教？——ある個人的な導き　15

I　希望への教育

第1章　変化する世界の中で神について語る……29

1　大きな世界と小さな子ども　29　／　2　隠された問題　33

3　神のイメージ—女性のイメージ　35　／　4　「汚れなき世界」？　38

第2章　宗教教育の主題としての希望……41
1　良き希望　41　／　2　希望——サラのあざけり　43
3　希望——砂漠の中の水のように　45　／　4　希望——引き継がれる毛皮　49

第3章　神の家への途上で……52
1　天と地の間のはしご　52　／　2　一つの道を歩む　56
3　安心を抱く経験　61　／　4　儀式の継承　65

Ⅱ　子どもと共にいる神

第4章　神のイメージ……71
1　天にいらっしゃる愛する神様　71　／　2　監督者としての神　75

3 難しい「なぜ?」という質問 79 ／ 4 神の経験 83

第5章 過去の有名な三人の子どもたちと神のイメージ……89
1 アウグスティヌス 90 ／ 2 パーシヴァル 94
3 緑のハインリッヒ 97

第6章 祈り……102
1 儀式と静寂 104 ／ 2 自らを物語る 107
3 神について語る 114 ／ 4 感謝と思考 116
5 願いととりなし 120 ／ 6 詩編によって祈る 125

第7章 主の祈り……131

第8章　創　造 …… 147
1　すべてはどこから来るのか　147　／　2　創造物語と現代の世界像　151
3　神の恵み　152　／　4　人間の特別な位置と言葉　153
5　創造の体験　156　／　6　環境に対する責任　158
7　神の神秘　160

第9章　苦しみについて …… 162
1　子どもの苦しみについて　165　／　2　時間のはかなさによる苦しみ　169
3　聖書に登場する苦しむ人間たち　170

第10章　子どもと死 …… 175
1　私たち大人にとっての死　175　／　2　健康な子どもたちにとっての死の意味　181
3　母の死に対する不安　183　／　4　子どもは死をどのように経験するのか　186

5 病気の子どもたち 188 ／ 6 限界と共に生きる 191
7 自然の中での生成と消滅 193 ／ 8 老人との出会い 195
9 悲しみ 196 ／ 10 牧会的救済 198

第11章 善悪の狭間に置かれた子どもたち……204
1 子どもたちは、「愛らしく」ありたい 204 ／ 2 罰と良心 207
3 神への畏れ 211 ／ 4 新しい倫理——世界の中の神？ 213

第12章 子どもと共にイエスに出会う……223
1 子どものもつイエスのイメージ 223 ／ 2 中心点を巡る 228
3 二千年前に生きていた人、イエス 229 ／ 4 模範としてのイエス——イエスと出会う 233
5 神について最も多くを知り、神について語るイエス 235
6 私たちが信じる復活したイエス・キリスト 237

第13章　神の天使……239
1　天使——敬虔な言葉か、不安の源か　239　／　2　天の軍勢　243
3　神の使者としての天使　244　／　4　守護天使——「善い力」？　250
5　他の人にとって天使となる　254　／　6　天使そして悪魔？　258
訳者あとがき　263

装画　高田美穂子
装幀　堀木　佑子

まえがき

私たちは、無限の可能性と大きな不安感が混在する世界の中で、自らのため、また特に子どもたちのために、生きる意味や倫理的基準、そして日常生活の中で神について語る「現代的な」方法を探しています。宗教的な感情、瞑想、目に見える現実の背後にあるものへの問いが、間近に迫る課題なのです。特定の宗教を故郷のように感じさせることを通して（私たちにとって、それはキリスト教ですが）はじめて、不安に満ちた世界の中で子どもたちに希望と活力を与えることができます。この本の中で、私はそのような故郷への道を示したいと思っています。その際、私たちの社会で共に暮らしている、他宗教の多くの人々に、ぜひとも寛容でありたいものです。ある宗教に帰属することは、安心と同時に他者への開放をもたらします。

この本は以前、『希望への教育』（Erziehung zur Hoffnung）という書名で一九七七年に出版されたものをもとにしています（邦訳『希望への教育――子どもたちとキリスト教』一九九二年、『子どもと祝うキリスト教の祭り――希望への教育2』一九九五年、日本キリスト教団出版局）。元の本は家庭の宗教教育に関する雑誌の記事から生まれたものです。当時、私の心を占めていた問題は、日常生活の中で子どもと共に神を見出すことができるのか、そしてその希望をさらに他者に伝えていくことができるだろうか、ということでした。

当時は、「反権威主義的」教育が新たに脚光を浴びていました。A・S・ニール（A. S. Neill）がサマーヒル・スクールに関する著作〔新版ニイル選集①『問題の子ども』堀真一郎訳、黎明書房〕で、そもそも教育に神を担ぎ出す必要があるだろうか、と警告して以来、宗教は、否定的な権威とさらに結びつけられました。人々は、神という言葉を聞いて、すぐさま、厳しく監視する警察のような存在を連想するようになったのです。そこに希望という言葉の入る余地はあったのでしょうか。

さらに、当時、子どもたち自身もまた、宗教の領域に疑問を持ちはじめました。両親も、子どもと一緒に、自分自身にとっての希望の道を求めました。彼らは、〔その疑問に対する部分的な答えとして〕子どもたちにも、直接役立つかもしれないテキストや絵を探し求めました。こうして当時、現代的な子どもの祈りも生まれました。私はその頃に、発行者のローゼマリー・デッセッカー＝カウフマン〔Rosemarie Deßecker-Kaufmann〕に触発され、絵本シリーズ『小さな人たちにとっての宗教』〔Religion für kleine Leute〕を始めました。彼女は、出版社エルンスト・カウフマンのプログラムの中に、子どもたちや親たち、教師たちから出される大切な願いを取り入れてゆきました。素晴らしいイラストレーターたちとの作業は、特に芸術的側面では、とても有益でした。私は、多くの年月をかけて『聖書物語』〔Mit Gott unterwegs〕〔原題『神様と共に歩む旅』。日本版は下田尾治郎訳、一九九九年に福音館書店より刊行〕に至る子ども向けの数多くの本と取り組んできました。その際、苦心してきたのは、中心となる宗教的内容を、常に神学的考慮をもって、詩的で今日的な言葉で表現することでした。

現代では、権威的な神のイメージを恐れることが、もはや問題の中心ではないようです。また、宗教的な子どもの本は、もう入手困難ではなくなりました。けれども、親たちの疑問は、まだなくなっていません。そのことと表裏一体に子どもたち自身の疑問があります。親たちや教師たち、そして子どもたちと緊密に接する中で、いつも私は、その疑問に直面しなければならず、また直面する機会が与えられていたとも言えます。この問題を神学的、あるいは実践的な立場から考える様々な機関の責任者たちと共に作業する中で、常に新たに重要だったことは、講座の計画と実行でした。そこで一番よく学んだのは私自身で、そのために一九七七年に出版された前作のみならず、後に出された改訂版に比べても大きな発展がありました。新しい親の世代や活発で探求心旺盛な子どもたちによって、私はよい刺激を受け、新たに出発する気持ちになりました。改訂されたタイトル『希望の教育へ』（Zur Hoffnung erziehen）は、このことの表現であってほしいと思っています。

この本が扱うテーマの全範囲は、目次の詳細な項目によって一覧できます。私にとって大事なことは、章ごとに独立したものとして読めるようにすることでした。したがって、親たちやすべての教師たちは、教案準備に際して、あらゆるテーマに目を通す必要はありません。また、完全に理解することが問題ではありません！　ただし、ほとんどすべてのテーマに関して、子ども自身が読める本を取り上げました。

私は、この本を次のお二人に献呈したく思います。フーバー夫妻とは、ハイデルベルク時代から二十五年以上にわたり、豊かな交友の時を育むことがゆるされています。カーラ・フーバー（Kara Huber）さんは、現在、ポツダムの福音主義学校を運営し、夫のヴォルフガング・フーバー氏（Prof. Wolfgang Huber）は、ベルリン＝ブランデンブルクの福音主義教会の監督をされています。私は、お二人の仕事ぶりと責任感に敬意を抱いています。この本によって、お二人を支えている希望と同じものがさらに広がることを心から望んでいます。チューリッヒ湖畔にある福音主義改革教会シュテファ（Stäfa）教区が、現在私の所属する教会です。ハイデルベルクやベルンで長年暮らした私は、ここでの生活が気に入っています。一つの職務を果たすことを通して、私はまた、「舞台裏」を覗くことができました。私は、教区のメンバーである信徒の方々と知己を得ることができたことに感謝しています。

この本を仕上げるにあたり、大きな感謝を表さねばなりません。まず、私は三十年前のことを思い起こします。当時の私は若く、幼い子どもがおり、ようやくドイツ文学研究を終えたばかりでしたが、そんな私を励まし、今や私の頭から離れない宗教教育の諸問題に初めて取り組ませてくださったのは、先駆的な神学者マルガ・ブーリッヒ（Marga Bührig）とエルゼ・ケーラー（Else Kähler）でした。とりわけ、チューリッヒ大学のロベルト・ロイエンベルガー教授（Prof. Robert Leuenberger）には、必要不可欠で魅力的な神学の学びをさらに継続するためにお世話になりました。ヴェストファーレン州ミュンスターにあるコメニウス研究所のチームのおかげで、ハイデルベルク移転後の私たちは、ドイツへの全く新しい認識とつながりとを得ました。

先に出版された旧版を顧慮して、ヴィンタートゥーア在住のスザンネ・ライヒ＝ヴァルター（Susanne

Reich-Walter）は、さしあたり〝古い〟方の『希望への教育』に入念なコメントを付け、改訂の提案をしてくれました。この改訂では満足できずに、その結果、私がすべてを新しく考案し書き直すことになるとは、彼女には思いもよらなかったことでしょう。スイスやドイツ、ローマでの数えきれないほどの多くの人々との対話は、その際大きな助けになりました。原稿を極めて入念に、また批判的に目を通し、校正や変更の手助けをしてくれたアルシュヴィル在住の友人ロレ・ケラー゠ゴツィ（Lore Keller-Götschi）に感謝します。ベルン在住の友人ヴェレナ・ブルクハルト（Verena Burkhardt）は、親切にも全体をコンピュータでデータ化してくれただけではなく、中身についても相談にのってくれました。ヴェルナー・ブルム（Werner Blum）とチューリッヒ神学出版社のヴォルフガング・カスプルツィック（Wolfgang Kasprzik）やエルンスト・カウフマン出版社のレナーテ・シュップ（Renate Schupp）には、出版面でたいへんお世話になりました。私の夫、アルフレート・シントラー（Alfred Schindler）にもたいへん感謝しています。彼は、私の講座や講演活動を支え、献身的に車で送り迎えをしてくれ、数十年以上私をサポートして、苦労を分かち合ってくれただけでなく、この著作の完成を信じて疑わずに共に働いてくれました。建設的な批判をもって私を助けるために、大学の専門分野である教会史の研究を、彼はある期間休まなければなりませんでした。また、私たちの子どもの家族が増えていくのを見ていると、この本を彼らとの共同作品としても考えたいのです。

一九九八年秋、ウエリコン゠シュテファにて

レギーネ・シントラー

＊　本書の聖書の引用は、『聖書 新共同訳』（日本聖書協会）による。

＊　訳注は〔　〕で表した。

序　子どもたちにとって宗教、それとも諸宗教？――ある個人的な導き

三人の子どもが私たちに手を振っています。「おいでよ！　見てごらん！」。私たちが知らない子どもです。三人は、チューリッヒ湖のまん中のウフェナウ島にいます。島の教会の増築部分にある格子窓の前に立っています。「おいで！　見てよ！」。私は、彼らが何を指しているのか知っています。「それは、私があなたがたと同じくらい小さかったときから、もうそこにあったの。そのとき、私も叫んだの。『おいで、見てごらんよ！』ってね。島にある墓地をずいぶん前に発掘して、大昔の頭蓋骨をこの納骨堂に積み上げたのよ」。子どもたちは私に驚きの目を向け、また格子越しにじっと見つめます。そして深く息をつきました。「他の骨や騎士の墓は？　どうしたら教会の中に入れるの？」。答える暇がないほど、立て続けに子どもたちは問いかけてきます。教会は鍵が閉まっています。「鍵は宿屋にあるわ。――中に入ればきっと何かとってもきれいなものを見ることができますよ。聖クリストフォルス〔三世紀頃の殉教者、旅人の保護聖人〕とか。彼は子どもを背負って……」。私の言葉はさえぎられました。「〝聖〟って言った？」。その子は、びっくりしています。年長の女の子が気づいて言いました。「〝聖〟っていうのは、イエス様以外誰も

いないわ、私、知ってるの」「そう、聖はね、頭の上にある、お皿みたいな、この明るい輪っかよ」。彼女の姉が補足しました。「そして光るのよ！」「あなた、光輪のこと言ってるの？」

島での夕べの語らいはすでに終わり、子どもたちは突如としていなくなりました。彼らは元気に両親の後を追って、ボートに乗り込んだのです。他方、私たちは、ゆっくりと船の渡り板の方へと歩きました。しかし、その会話は、修道院があり、小さな二つの教会が岩の上に建っている島にこだましています。二つの文が私の耳に残っています。「おいでよ、見てごらん！」「イエス様だけが聖いんだよ」。ここでは、キリスト教は、自明のことなのでしょうか？　骸骨には、一種の魅力があります。あの世に対する好奇心や不安を子どもたちは感じたのです。教会への興味や湧き上がる好奇心や不安、驚嘆、「聖なるもの」への熟考、これは宗教なのでしょうか。この子どもたちに、宗教教育の一片が生じたのでしょうか。どのように？　誰によって？

私は、自分がとても幼かった頃のことを思い起こします。本棚の上に、緑のブロンズ像がありました。このハスの花の上に座っているたいへん美しい男の人は、足を組んで、いや、芸術的に絡み合わせ、片手を上に向かって広げ、もう片方の手を膝の上に軽く添えていて、頭部はみごとに丸く冠状に編んだ髪をしています。神秘に満ちた、平安なこの微笑、そして長い耳たぶ、あたかもその人は目を閉じて、心の中の声を聞こうとしているかのようです。「これは十四世紀のビルマの作品だよ」と父が言いました。座っている男の人が仏陀だということや、彼が、静寂の中で、苦しみからの解放について思いをめぐらし、瞑想したことを、すでに物語を通して知っていました。私は、この像から秘密に満ちた「涅槃《ねはん》」という言葉を子どもの時にすでに学び、それは、天と同じようなものだけれど、全く違うものなんだ、と感じていました。平静という概念を私が仏陀と結びつけたのは、ずっと後のことかもしれません。「彼は神なの？」。子ども心に問いました。父は頭を横に振って否定しました。「預言者、聖人なの？」。少ししてから、また聞きました。神のいない宗教、それは可能なことなのでしょうか。「ずっと遠く、地球のほとんど裏側ではね」と答えが返ってきました。博物館で、父は他の仏像を私に見せてくれました。私は依然として仏像に魅力を感じていました。見知らぬものや崇高なものにより引き起こされる、ちょっとした心の動揺を、子どもの私は脅威ではなく、むしろ興味を引き起こすものと感じました！　仏陀は、今日の子どもたちにとっては、身近になったのでしょうか。

全く違った仕方で、幼い孫は、私を子ども時代に連れ戻してくれます。「お月さん、お月さん」と彼女は言って、夜の湖の上に昇る大きな球を指します。彼女の語彙はまだあまり多くありません。私が初めて母から教わった月の歌〔『讃美歌21』216番。ドイツでは知らない人がいないほど、よく知られた讃美歌である〕を、彼女はいつわかるようになるのでしょう。造り主である神と空に昇る月という言葉を、いつ彼女は結びつけるのでしょう、私が小さな子どもだった時のように感じるでしょうか。彼女は、「神様、どうか罰を与えないでください」と歌うでしょう。同じ歌の中に彼女は、「無価値であわれな罪びと」について聞くでしょう。彼女は問うでしょう。神様と罰、罪、そしてこの世の脅威とは何か関係があるの？　キリスト教の神が人間の複雑な関わり合いの中に今も存在していることを、いつ彼女は感じるでしょう。私たちのキリスト教も、謎に満ちているの？　多くの疑問を、私はこれからも長い間説明できないでしょう。そこで、私は二歳の孫とおしゃべりする代わりに、急いで歌の最後まで進みました。「私たちを安らかに眠らせてください。そしてそばにいる病気の人たちも」。病気の隣人は、罰よりも大切なの？　隣人を愛すること、それからお星さまたちは宗教の橋渡しをするの？　このお月さまは、何かわからない方法で神様とつながっているの？

再び忘れていた子ども時代、一九四六年に戻ります。母〔児童文学者ベッティーネ・ヒューリマン〕の同僚のユダヤ人と彼の伴侶のマリアが訪ねて来ました。彼は次のように話してくれました。「日が暮れて暗くならないと、私は農家のそばの小さな家畜小屋から表に出られませんでした。私は、スカーフを巻いて、腰の曲がった農場の女に変装させられたのです。いいえ、農夫たちは私たちを裏切りませんでした。マリアはユダヤ人ではなく、オランダ語ができたので、農作業を手伝いました」。テーブルの周りに座っていた私たち子どもは、ユダヤ人の運命について、かろうじて守られた運命について、後にイスラエルの地で新たなかたちで続くその運命について、きわめて少しずつではありますが、理解していったのでした。それと共にある予感が生まれ、いくつかの問いによって深い絶望の淵が見えた後、あることがわかりました。

つまり、この民族の何百万もの人が殺されてしまった、という考えに私たちはたどりついたのです。当時は、「ホロコースト」という言葉では語られませんでした。母はある人たちの名前を語る際にはいつも小声になりましたが、私たちはそれがどうしてなのか突然わかってしまったのです。これらの名前の人たちは、もう生きてはいなかったのです。

彼らはユダヤ人でした。それが宗教と何の関係があったのでしょうか。アーリア人の証明、つまり受洗した先祖たちの証明がなされねばならないことを、私たちは後で知りました。洗礼を受けたかどうか、聖礼典にあずかることのゆるされた者であるかどうかが運命を左右したのでしょうか。両親が「人種」について語ったことは、当時子どもだった私たちには、理解できませんでした。それにもかかわらず、ほぼ同時期に私たちの故郷チューリッヒには、ユダヤ人を時々見かける平和な通りがありました。彼らの外見は、もちろん違っていました。もみあげをかなり長く伸ばしたり、大きな黒い帽子をかぶり、あるいは小さなキャップだけのせているのがユダヤ人の目印でした。私が彼らの会堂〔シナゴーグ〕の内部を見たのは、ずっと後になってからです。私たちが後に、あるユダヤ人の若者のバル・ミツバ〔ユダヤ教の成人式。男子は十三歳、女子は十二歳。女子はバット・ミツバという〕の儀式にも参列することができたのは、ちょっとした驚きでした。それは、一種の堅信式で、若者自身が、トーラーを朗読し、式辞を述べました。

今日、未知の民族や宗教が身近になり、異なる民族・宗教の人たちと共に喜び合えるようになりました。同時に、ずっと昔の共同責任を引き受けることにもなりました。イエスは本当にユダヤ人だったのでしょうか。私たちはどうしたらいいのでしょうか。現代は、戦後の時代と全く異なるのでしょうか。

一九二八年に出版され、今も私が持っている、『インド』と題した変色した大きな本をもとにして、再び思い返してみましょう。その本は、私の祖母が私に絵を見せながら語ってくれたものです。「これがシヴァ神〔ヒンドゥーの三最高神の一人〕よ、たくさんの腕をもって踊ってるのよ。ぞっとする怖い腕もあれば、愛情たっぷりのもあるわ」「これは、シヴァ神の子どもの神ガネーシャよ、象の頭をしているわ。私たちのお気に入りよ。それから、ヴィシュヌ神や恐ろしい女神パールヴァティーよ。彼女は死と関わりがあるのよ」。そして、ブラフマ神、彼は最も位の高い神です。祖母は、その名前を特別な敬意を込めて語りました。一生そこから抜け出すことができないカースト〔身分制度〕がその見知らぬ宗教、ヒンドゥー教に不可欠であることは、私たち若い者におそろしい疑問を生じさせました。宗教と社会の正義はどうつながっているの？　マハトマ・ガンジーについて聞いたとき、私たちが熱心に耳を傾けるようになったのは、おそらくこの疑問のせいでしょう。「もちろん、かれは本物のインド人ですよ」と父は言った。「けれど新約聖書も、ガンジーにとってもとても聖なる、とても大切な本なのですよ。そして、彼は一人のスイス人に興味をもったのです。ペスタロッチですよ！」。政治、社会秩序、教育、宗教には密接な関係があるのでしょうか。絵のように美しい神の像や、ベナレス〔ガンジス河中流の宗教都市〕での魅惑的な儀式、疲弊したインドの牝牛たちとどんな関わりがあるのでしょう。それはすべて宗教だったのでしょうか。

一九八八年、日本のある京都の神社での出来事です。みごとな均衡、弓のようにしなった形をした朱塗りの鳥居、絹の着物をまとった神主たちが、砂利が敷かれた場所を悠然と、しかも神妙な足取りで横切っています。それから、若い親たち、晴れ着姿の母親たちと父親たちが次々にやってきました。男性はだいたい黒い礼服を、女性は着物を着ています。ある日本のキリスト教教育の教師がこの七五三と呼ばれる祭りに、私たちを案内してくれました。七歳、五歳、三歳の子どもたちがその祭りで祝われるのです。それが興味深い呼び名の意味です。子どもたちは驚くほどおめかしをさせられ、親に連れられています。三歳の子どもは、高価な着物を着て父親の腕に抱かれています。子どもたちを神社に連れて行き、記帳し、初穂料を納めます。それは、神社への奉納金なのでしょうか。その後、白い帯状の紙に美しく書かれた祝詞があげられます。彼らは今、祝福され、清められたのです。みんなで記念写真を撮った後、冗談を言いながら、家族たちは、千歳飴等の色彩豊かなおみやげをもって、神聖な領域を再び離れました。彼らは幸せな状態に変えられたのでしょうか。神聖なる場所は、人生をより確かに、開かれたものにしてくれるのでしょうか。七五三の子どもたちはどう思っているのでしょう。彼らは、後に一人で神社を訪れたとき、疑問に思わないのでしょうか。むしろもっと近くにある寺院に行かないのでしょうか。「そこで彼らは子宝祈願をします。お供え物をもって、小さな仏像に祈願の札をかけます。亡くなった子どもたちのために祈ります。とりわけ堕胎された子のために」。彼女は、日本全体を、人類そのものを恥じるかのように、沈んだ声で説明しました。

一九九八年、ベルリン＝ヴェッディング、トルフ通りにて。おそらく他よりも黒い肌をした、巻き毛の若者たち。筋肉質で敏捷な彼らは、駐車スペースを探す車を一向に気にせず、サッカーボールを前後左右に蹴っています。あたりは、まさにベルリンの光景で、数多くあるひなびた運河の一角、背後にはベルリンのシルエット。その真ん中には、まるで巨大なミナレット〔モスクに建てられている細くて高い塔〕のようなベルリンテレビ塔があります。子どもたちは、お互いドイツ語でしゃべります。けれども、時折見かける、頭にかぶったスカーフが印象的な母親たちのグループとはそうではありません。また、ドイツ人の男の子が独りで仲間に加わっています。彼は、ここでは部外者です。この前の日曜日、彼は聖ヨセフ教会で、堅信の秘跡を受けました。彼はヨッヘンといいます。女の子たちはかわいそうです。小さな子どもだけがスカーフを巻かないのです。大きな女の子たちは、兄弟たちよりもっと早く上にある狭い住まいに呼ばれます。養護室か刑務所のような住まいにこもって、彼女らは家の手伝いをしなければなりません。信仰深い両親は、娘たちのことを心配しています。

「私たちをマホメット教徒と呼ばないで」、とそばに住む若いトルコ人のバイオリニストは、数年前、私によく言いました。「マホメット（ムハンマド）は、あなたがたが祈るような神でも、神の子イエス・キリストでもありません。アラーが私たちの神であり、あなたがたの神です。彼は同じ神なのです」。同じ神？　なぜそれでは、信仰上の争いがあるのでしょう。

私の学校時代を振り返ってみると、そこにもマホメット教徒〔ムスリム〕がいて、やはりそのように呼ばれていました。さらに彼らは、地理の授業にも登場しました。私たちは、蓄音機のレコードからムアッズィン〔礼拝の呼びかけをする人〕の魅力的な声を聞きました。それは、東方の国の魔術的な気分にさせる歌声で一日五回ミナレットから叫ばれるのです。そして、人々は、どこにいても祈りの時を思い出すのです。美しい抑揚、単調で、穏やかな声です。イスラームの人々は、ここヴェッディングのどこで祈るのでしょう。彼らは隠れていたのでしょうか。いつ子どもたちは、コーラン学校〔クルアーン（コーラン）暗唱などを教えるイスラームの初等教育施設〕に行ったのでしょう。私は、堅信を受けたばかりの男の子が、トルコ人の友だちと話して、そのことを知ってほしいと思います。ムアッズィンの声が聴けるレコードを手に入れてほしいのではありません。少なくとも、一番に望んではいません。彼らの神、そして私たちの神のために私が彼に望んだのは、互いに寛容であり、対話すること、そして友だちに関心をもつことでした。

ここで記したのは、非常に個人的な体験です。それは私が子どもであった時の宗教との、いえ、複数の宗教との出会いにかかわるものでしたが、むしろ本書の始めに「キリスト教」教育について明確に語られるべきでしょう。と言うのは、私たちは、孤島で暮らしているわけではないからです。他の諸宗教が存在し、多かれ少なかれ身近にあるのです。子どもたちは、この他の宗教について何かを経験し、そのことについて問い、「他宗教の信者」と交流することができ、また、そうすべきであり、そうしなければならないのです。日常生活で――例えば、ベルリン＝ヴェッディングを考えれば――貴重な対話の機会を用いることは大切ですが、それ以外にも、今日たくさんの有用な本があります。子ども向けの入門書やすぐれた若者向けの本まであります。そこでは、キリスト教以外の信仰をもつ子どもたちが大きな役割を果たします。私たちが（願わくば！）一緒に問う者となるなら、私たち大人が子どもたちの問いに答えることを容易にしてくれる刺激に満ちた描写、あるいは参考図書にいたるまであるのです。

人生の意味や限界、信仰、「聖なるもの」に対する疑問に答えを与える諸宗教は、それらが遠方からのものであっても、今日、エキゾチックな迷信として勝手に切り捨てられるべきではありません。しかし、私たちは大地と人間の未来が地球規模のものとなっている、技術化された、また危険に満ちた時代に生きていますが、そこでは宗教へ求めることがとりわけ大きいのです。

しかし、何よりも先に、子どもたちは、安心感と信仰の基礎として、そして「寛容」のために必要な基礎として、さらに他宗教に対する基本的な関心を広げるためにも、「一つの」宗教に根を下ろすことが必要です。人は、家の中で、安心して、幸せを感じ、不安なくドアや窓をあけるのです。宗教というものは、子どもたちにセルフサービスの店のように与えられるものではなく、すぐ着たり脱いだりできるようなものでもありません。

この本で私が扱う宗教は、私たちが基本的にヨーロッパの伝統とする「キリスト教」です。しかし、

「家」は（この「家」というのは宗教における安心感あるいは落ち着きを表すために私が用いる喩えなのですが）大きく、たくさんの居住空間があり、出入口もひとつではありません。おそらく、様々な入口から、私たちは、改革派、ルター派、カトリックとして入り、お互いに出会い、同じ壁の中、屋根の下で生活していることを意識し、喜ぶのです。まさに、異なる宗派間で育った子どもに目を向けるならば、これは、大きな意義があります。この家では、「私たちの知らない」諸宗教を信じる人もまた歓迎されるというのは私にとって自明のことに思えます。私たちは彼らに耳を傾けたいと思いますし、彼らを改宗させようとは思いません。私は、彼らに（開かれた窓と多くの扉がある）この家を見せ、盛大な祝宴に招きたいと思います。招待者の中には、おそらく無神論者を標榜して、その家の壁を恐れている人が含まれるでしょう。もしかしたら、彼らもまた、故郷を求めており、単に伝統を自分の中に封じ込めてしまっているだけかもしれません。

ウフェナウ島で通りすがりに会った女の子たち、「イエスさまだけが聖なるお方よ」と目を見開いてしっかりと言った彼女たちに、私は、直接異を唱えることはしませんが、そのきっぱりした説明が、私には短絡的で、ドグマ的で、急ごしらえのように思えるのです。私は、そのような子どもたちとの会話をさらに続け、より開かれた形にして、問い返し、多くのことを語り、そして一緒に体験できたらと思います。そして、「キリスト教」の内部に存在する希望に満ちた道を進んでいければ、と思うのです。「おいでよ、見て！」をモットーに。

I

希望への教育

第1章　変化する世界の中で神について語る

1　大きな世界と小さな子ども

今日の子どもたちの世界は、大きくそして広く、無防備でおびやかされた状態にあります。環境汚染によって、すでに幼い子どもが危険にさらされています。児童生徒間の暴力や薬物への誘惑も考えねばなりません。世界全体が直面している問題を通して、またマスメディアを通して、こんなに世界が大きいにもかかわらず、地上にいる人間同士、そして大人と子どもの間隔がどんどん狭くなっています。世界は、一つの村です。その村の人々は、不穏さを感じ、急激な変化を目のあたりにして、全員が結束することもあれば、危険な敵対関係に陥ることもあります。

泣いたり笑ったりする幼い子どもは、こんな世界に置かれます。さしあたり子どもはそれらを全く見ることなく、両親からの愛のみを感じます。よい人生を歩んでほしいという両親の希望は、子どもの初めての笑顔を見て明るく輝きます。希望、そこから子どもは待ち望まれ、そして、生まれたのです。希望は、繰り返しもたらされ、また、常に喪失する危険があります。

学習され、伝えられた宗教教育の習慣や形式に、しばしば過去の時代や古い家族形態が見て取れます。それらは魅力的な形式や儀式であり、人々はその存続を望み、また部分的にはそれが可能です。しかし、私たちは子どもたちと共に、変化する世界についてよく考え、結論を出さねばなりません。その理由は明らかです。この数世紀間、ごく幼い世代の子は別として、「子ども時代」というものは存在しませんでした。フィリップ・アリエス（Philippe Ariès）（一九一四―八四。フランスの歴史家。家族、子ども、死などを研究テーマとした）は、彼の有名な著書『子どもの誕生』（邦訳『〈子供〉の誕生――アンシャン・レジーム期の子供と家族生活』杉山光信他訳、みすず書房）の中で、子ども時代の重要な諸段階を指摘しました。子どもは確かに発見されました。そして、学校の施設、適切な本、家族の振る舞いといったことを通しての発展が考慮されるようになりました。同時に、教育の担い手が市民の家庭から公教育の場に移りました。子どもに対する責任は、よく編成し、準備された公教育に大幅に任されました。確かに、これは、家族の生活を制限するように働きました。今日、私たちはメディアや新しい技術的な手段を入手できます。それによって、子どもたちは、早くから大人の世界に立ち入るのです。（必ずしも両親や祖父母の世界ということではありません。）そして大昔にそうであったように、彼らは「小さな大人」になるのです。これは「子ども時代の終わり」なのでしょうか。あるいは、積極的な開放と認めることができるのでしょうか。

子どもたち自身が、『私の祈りの本』から刺激を受けて書いた祈りのテキストには、子どもたちが求めていることの他に変化する私たちの世界というはっきりとした見方が示されています。私は、千四百の祈りを吟味してその多くを『子どもは何を神に期待するか』というタイトルで出版しました。この子どもたちは、戦争への恐れを表現しますが、また、いわゆる「第三世界」の社会的問題について、あるいは、外国人に関わる困難な諸問題についてしばしば驚くほどの情報をもっていて、それについても語っています。それはつまり、子どもたちは、ただ観察し、参加することができるだけではなく、また、具体的な援助や傾聴、とりなしもできるということです。

近所、あるいは学校の教室で肌の色が異なり、言葉や宗教が違う子どもたち同士が出会うことは、（少なくとも都市部の状況では）珍しくありません。また、このことによって、今日まで当たり前に実践されてきた、おそらくあまりにも習慣化した宗教教育について新たに深く考えねばならなくなるのです。国内にいる外国人に慣れ親しむこと、そして彼らを受け入れるだけではなく、この際、全く異なる宗教と向き合うというチャレンジは重要であり、また、自分の立脚点を新たに確認することにもなります。これは、心地よいものではありません。そして、ただ「いつもそうであったから」という理由でキリスト教的に教育することはできないでしょう。私たちは、教師としてキリスト教の根本や聖書、キリスト教の寛容への問いにまでさかのぼらねばなりません。おそらく子どもたちは、私たち大人自身が厳しい限界に突き当たっていることを感じるでしょう。私たちは、方向を確認し、答えを見出そうとする自分たちの探求に子どもたちを招きいれてゆかなければなりません。

また、「環境」というテーマは、子どもたちの文章にいつも登場します。「私は環境に優しい人間です」とある少年は書いています。他の多くの子どもたちは、この告白に同意します。動物や植物への愛、また地球環境への配慮は、子どもたちの中でおのずと生まれます。それは、彼らの最も重要な関心事の一つなのです。しかし、自然とその造り主である神とを関連づけることによって、すぐさまこの配慮は、宗教的な面をもつのです。

環境への配慮と同様に、「第三世界」や移民問題に関する情報がマスメディアによって、ごく幼い子どもたちに流されていることは、プラスの意味でも、子どもたちに影響を与えます。子どもたちを外部の様々な刺激から、よかれと思ってシャットアウトするためにテレビを全く観させないことは、見当はずれかもしれません。大切なことは、正しい尺度をもつことです。つまり、観たり、聴いたりしたことを子どもと一緒に整理する大人の言語文化が重要なのです。親たちは新しい課題を与えられていることになります。

子どもたち自身が、常に自ら積極的に（素朴な）創造論から、世界の貧困の原因を探り、「第三世界」の貧しさと関連して神の正義について疑問に思うことによって、宗教的な会話が始まります。その際、私たちは大人としてチャレンジを受けるだけではなく、子どもたちに対して人間の無力さと神の不思議さを認めなければなりません。

2　隠された問題

他の「今日的」問題が、子どもたちを悩ませます。しかし、それらは子どもたちの祈りの中では、ごくたまに、あるいはただ間接的に取り上げられるだけです。それらは、「隠された問題」と言えるでしょう。今日の子どもたちの特徴として、あるきわだった「消費行動」があります。テレビやコンピュータ等、完全に自動化された環境に囲まれて、子どもたちは、ほとんど奇跡としか言えないような出来事が起こせることを経験します。もし人間にすら「すべて」が可能であるのなら、神にとって不可能なことなどあるでしょうか。私たちの消費社会は、神を尋常ではない、あるいは不可能な望みをうまく叶えるような者と見なすよう仕向ける態度に、結局しばしば加担してしまうのです。子どもが思いつく個々の祈りは、そのとき、愚かな願いのリストとなり、その中で求められるものと言えば、メカニックなおもちゃ、あるいは誕生日にいい天気になることなど、コロコロと入れ替わります。私は、メディアや消費態度、そしてテクノロジーに囲まれた子どもたちに、健全な感覚と節度を教えることが重要であると思います。

興味深いことに、子どもたちは、先に述べた祈りの言葉の中に、今日広がっている「新しい家族形態」、例えば「パッチワーク家族」、シングルマザー、両親のけんかや離婚について触れることは稀です。子どもたちは両親を、実際いつもかばおうとします。基本的に、アルコール依存症の母親や父親までもが、そっと「かくまわれて」いるのです。完璧なあるいは仲の良い両親を求めるために、好ましいとは言えないあらゆる現実の大部分が隠されてしまうのです。

しかし、完全ではない、あるいは因習に囚われない家族形態の中にいる子どもたちは、しばしば厳しい試練に立たされます。たとえ多くの子どもたちが望み、ある程度は必要であったとしても、お話や祈り、あるいはお祝いの際、伝統的な家族像を前提とする行動をとることができません。

他方、宗教教育に関して、新しい家族形態の否定的側面についてだけを嘆いてはなりません。確かに、片親しかいなかったり、両親から過度の期待をかけられたりしている子どもたちは苦しんでいるかもしれません。しかし、現代の動向は、しばしば大きなメリットももたらします。今日、教育は、二十年前と比べると、母親だけの仕事ではなくなっています。働く母親は、社会的に認知され、また彼女たちは、「ただの主婦」よりずっと満足しています。子どもたちと一緒に絵本を観るような父親たちは、子どもに食事を与え、寝かしつけ、一緒にお祈りします。そのような父親の姿は、子どもの精神的、霊的な教育を引き受ける十八世紀における「家父」の再来とは言えないものの、複数の教育的可能性が存在する市場における、喜ばしく、望ましい「新しい現象」なのです。

3　神のイメージ―女性のイメージ

変化した世界というのは、家族の在り方を指しているのではありません。特別に重要なのは、新しい女性像、女性の意識、そして、女性にも形どられた神のイメージについてです。

ひげを生やした老人、また、世の中を支配する絶対的な父のような神のイメージは、長い間、表向きには「取り除かれて」いましたが、男としての神のイメージは、常に書籍だけでなく、私たちの意識全体に強く印象づけられています。「主の祈り」あるいは、放蕩息子の話のように、神は、母ではなく、心優しい「父」として見られています。今日も、父としての神のイメージがなくてもいいとは思いませんが、その中に神の女性的特徴、そして、イエスの女性的特徴を垣間見ることによって子どもたちにその重要さをわからせることは、困難ではありますが、喜ばしいことです。その際、聖書を原典として認識できないぐらいまで、根本的に聖書のお話を変えたりはしませんが、私たちは、時代にあったもので、かつ物語の核心を究明したいのです。つまり、「放蕩息子」の父親の中に、私たちは、とりわけ彼の愛、許し、その中に帰宅した者が安心感を見出す広げられた両腕を発見するのです。父親の男としての性質ではありません。

それは私の考えでは、女性が新しい意識、そしてフェミニスト神学に目覚めたことに、多くを負っています。単に学問的な神学だけではなく、まさに教会の実践が、女性の積極的な有り様によって変えられ、そして特徴付けられます。これは、本当に神のイメージの変化に貢献します。

このように、今日、新たに神は母として、また「女性の神」として見られるようになりました。「神は母のような存在です」という一文によって、とても幼い子どもたちですら、母の優しい腕の中ですでに神を身近に体験できるようになります。確かに現代の父親たちが見せる新しいタイプの優しさは、拒否されるべきではありません。もし、神のもつ優しい、むしろ柔和な面を母親的イメージと結びつけるならば、確かに、権威があまりない、母のような神を想像しますが、逆に、母親的なものすべてが優しく、父親的なものが厳格で、きびしいものである、という凝り固まった見方も生まれるでしょう。まさに、主の祈りを見れば、「慈愛に満ちた」父親、同時に母親でもありますが、それを知ることは好ましいのです。これと関連して、詩編や歌にあるような、性別に左右されない動物のイメージも、理解に役立つでしょう。「鷲のような翼」〔イザヤ書40章31節参照〕、あるいは、詩編84編にある、巣の中にいる「ツバメの雛たち」です。そのように、神は私たち人間を守ってくださるのです。

神よ、あなたは母のように暖かです。
あなたは、私を腕にしっかりと抱いてくれます。
あなたは、クマよりも強いのです。
あなたは、すべてを知り、さらにより多くのことを知っています。

あなたを見ることも、そして触れることもできません。
今、私は手を組んであなたに祈ろうとしています。
祈ります、善なる神、私から去らないでください。
私を暖め、光を与えてください。

（『あなたの世界は美しく欠けたところがない』）

神よ、あなたは灰色ですか、それとも青色ですか？
あなたは、男ですか、女ですか？
物を見る眼や
歩く足はお持ちですか？
あなたは、雲や風の中にいるのですか？
太陽はあなたの子どもですか？
目に見えない神様、あなたはどなたですか？

（『あなたの世界は美しく欠けたところがない』）

フェミニズム運動と共に、神のイメージだけではなく、また、人間のイメージも変化しました。女性の役割や、女性の解放も――聖書や私たちの生活の中で――新たに捉え直されています。また、教会や宗教と女性との関係も変化しました。宗教および教会との関係において、長年にわたって従属し、慎み深くなければならないとされた女性のイメージは、明らかに時代遅れです。自立し、勇気ある聖書の女性たちが、どんどん前面に登場します。サラ、リベカ、エステル、ルツ、デボラ……。確かに、男性である福音書記者は、女性の弟子たちという明確なグループとして紹介してはいませんが、だからこそ大いなる喜びをもって、入念に彼女たちを見つけ出さねばなりません。彼女たちは、自立し自信をもっているがゆえに手本となるのです。踊り上がるハンナ、サマリアの女、腰の曲がった女〔ルカによる福音書13章10―17節〕、マリアとマルタ、マグダラのマリア、彼女らは希望の担い手であり、女性の新しいイメージと共に、神の新しいイメージをも伝えるのです。

4 「汚れなき世界」？

変わりゆく世界で神について語るとはどういうことでしょう。遠くでは戦争、近くでは日常的な暴力、通りや学校の中でも脅かされる、そんな危険だらけの世の中で。良い成績を上げねばならないプレッシャーに耐えられない子どもたちには、明るい将来が見通せない、そんな世の中ではないでしょうか。これまで触れた子どもたちの文章に、少なくとも、満たされない思いや、いい成績を一回でもとりたいという願いがはっきり見られます。

そんな世界に神の居る場所があるのでしょうか。あるいは私たちは――神について語ることで――安易に救いなき世界に秩序をもたらしたいのでしょうか。あるいは、魔術によって、ただ人間の空想の中にだけあり、現実にはありえない「汚れなき世界」へと変化させたいのでしょうか。

「汚れなき世界」、その表現は、今日、辞書ではただ「幻想に基づいた完璧な世界」と示されており、それは、明らかに否定的な言い方です。新聞や雑誌などでは、特定の部分が風刺的に表現されます。例えば、いつも登場するのが、山の上の「ハイジの世界」、また損なわれていない家庭生活の話、あるいは多くの教師たちが願う、今日ではほとんど現実味のない平和な生活などです。実際にすべてがうまくいき、秩序正しい「汚れなき世界」を夢見ることは幻想です。しかし、ある意味で、いつもそうなのですが、人間の世界は――肯定的な意味においても――いまだかつて「汚れなき世界」であったことはありません。「子ども〈発見〉の時代」の前〔十七世紀の近代学校教育制度以前〕、子どもたちは今日とは別の仕方で戦わなければなりませんでした。彼らは、小さな大人でなければならなかったのです。その場にふさわしい振る舞い、あまりに早く学校での学びが断ち切られること、あるいは不就学、児童労働。それは今日でも他の国々で解決しなければならない問題になっています。

他方、まさに宗教が問題となっている場合、子どもたちを十分に保護すること、そして彼らの心の中に、小市民的な汚れなき子どもの世界をもたせることは、以前の方が容易でした。十九世紀を中心に用いられた祈祷書のフレーズ、「私は小さい子どもです。私の心を清めてください。イエス様以外に誰もそこに住みませんように」、あるいは、「愛する神様、私を敬虔な者にしてください。天にいますあなたのおそばに行かせてください」を子どもたちが今日でも口にするということは、宗教的な領域の中に、「汚れなき」、また「清らかな」、そして「敬虔な」世界という幻想が、殺伐とした日常生活より長く残ったことを示しています。今日、技術の発展によって子ども部屋の中にまで入り込み、また、飛行機ですぐに目的地に到着できるようになった、ほとんど際限なく広がる世界の中で、子どもたちを護ることは、幻想となりました。

ですから、宗教教育においても、世界が今日、すでに変化し、常に変化し続けているものであると深刻に受け取ることが、私には重要に思えます。しかし、今日でもなお、神の到来によって、世界が変えられることが、特に、宗教教育の実践や、信仰について語る前提となります。したがって、子どもたちの世界は、幻想的な「汚れなき世界」ではなく、神が私たちの考えや行いに関わる世界、つまり、より深い意味で「汚れなき」ことを期待できる世界なのです。すなわち、汚れなきものと希望を。

第2章　宗教教育の主題としての希望

1　良き希望

　私は、宗教を意識し、神への問いかけを感じて生きることがきわめて私たちの生活を充実させることを、希望という言葉の中で、とりあえず述べてみたいと思います。一体、希望とは何を意味するのでしょうか。雨が降ることを心配するとき、雨が降らないでほしいと特に思うとき、「望むらくは、明日、雨が降りませんように！」と私たちは言います。この場合、私たちは特定のことを期待します。つまり、確率的には雨になりそうでも、現実が私たちの願いに添うようにと、期待しているのです。それが失望に終わることは容易に想定できます。けれども、「望むらくは」という言葉で表現された希望は、失望の不安によって実際には打ち砕かれることになります。そんな弱々しい希望をここで私は想定しているのではありません。それは宗教教育と何ら関係はありません。

「希望する（hoffen）」は、元々「興奮して飛び跳ねること」を意味します。この言葉は、「ホップする（hopsen）」や「ジャンプする（hüpfen）」と同じ仲間です。狩猟の世界では、鹿が「hoffenする」という表現があります。これは、鹿が何か予期しないものを聞いたり見たりして、警戒して立ちすくむ様を表します。「hoffen」という言葉が、「何か肯定的なこと、未来のことを期待する」という意味をもつようになったのは後世になってからです。

「良き希望の中にある（Guter Hoffnung sein）」は、妊娠中であるという意味ですが、新しい生命、つまり子どもを迎える前の喜びには、希望が含まれていることがわかります。胎児や新生児は、両親が「希望に向かって教育すること」についてよく考える必要を感じるよりずっと早い時期から、希望に満たされているのです。新しい生命の到来だけでなく、子どものそれぞれの発達段階もまた、希望と関わっています。最初の笑顔、最初の言葉、そして最初の一歩、後の子どもの思いがけない問い、あるいは、観察。それらは奇跡であり、希望に満ち、すべての背後にある、大いなる力について知りたくなります。

希望は、常に内、あるいは外への動きと関わっています。単にある状態を保つのではなく、常に緊張して注意を怠らないことが重要なのです。鹿と同じように、すべての要求に気を配り、いつでもすぐに反応して飛び跳ねる準備ができていなければなりません。そのような希望とは、遠い未来に心を向けるのではなく、現在ここにあるすべてのことに対して注意を怠らず、すぐに反応できるようにすることなのです。

そのような希望は、私たちを生き生きとさせ、活動的にし、そしていろいろなことに注意を向けさせます。希望、すなわち予想できないことを待ち望むことは、私たちを静かにし、意識を集中させます。また、「かすかな」知らせをも、聴き逃さないようにします。希望は見えないものに対して目を開かせます。あの世について夢中になったり、空想する必要もありません。まずは、耳を澄まし、目の前にあるものを注意深く見ること、次に、他の世界に注意を払うことです。それはキリスト教の場合、告知または約束と共に私たちのもとにやってきます。私たちは、この希望の世界を勝手に作り出してはなりません。それは、(まさに小さな子どもと共に)すでにそこにあり、私たちの生活を良い方向に変えるのです。

2　希望――サラのあざけり

「見よ、それは極めて良かった」と創造物語にはあります。この物語では、現在と未来には、美しいもの、良いものがあることが暗示されています。自然、すなわち神の創造されたものの中にある良いものすべてを知覚し、観察することは、とても幼い子どもであっても重要です――大人自身もワクワクするのですが――子どもたちの被造物への関心を常に促すべきです。まるで奇跡のように変化する季節を十分に体験することで、希望が目覚めます。また、天体や動植物を観察することも同様です。すでに早い時期から、ちょっとした言葉のやりとりによって、こうした自然と神との関係を示すことができるのです。

聖書物語の中で、私たちは、希望に満ちた神の啓示にきわめて具体的に出会います。おそらく私たちは、すでにそれらの話を知っていて、少しずつ子どもたちに物語るのです。例えば、旧約聖書のアブラハムになされた約束が考えられるでしょう。「主は彼を外に連れ出して言われた。『天を仰いで、星を数えることができるなら、数えてみるがよい。』そして言われた。『あなたの子孫はこのようになる。』アブラムは主を信じた。主はそれを彼の義と認められた」（創世記15章5―6節）。そのような神の約束は、彼に明るい将来を期待させます。アブラハムにとって、この将来が意味するのは、天の星のように数えきれないくらいの子孫をもつことです。さらに、「アブラハムのもてなし」の話があります（創世記18章1―15節）。神ご自身がアブラハムとサラのもとにやって来ます。神は、希望のないこの老人たちのところに、唐突にやって来ます。その約束は、あまりに非現実的に思えて、サラは笑ってしまいます。彼女は、信じられないぐらい驚いたからこそ、笑ったのです。彼女は面食らったのです。彼女は狩人に驚かされた鹿のように「飛び跳ねた」と言えます。全く予期しないことによって、彼女は動揺したのです。

新約聖書物語では、全く違った方法で子どもたちに希望をはっきり示すことができます。再び私は、失われた息子（放蕩息子）のたとえ話のことを考えます（ルカによる福音書15章11―32節）。「失われた」息子は全く希望のない状態でした。そして、それだけ一層、この父親に驚かされます。なんと、彼は、帰ってきた息子を「憐れに思い」、首を抱き、キスをしたのです。全く別の例ではありますが、このあふれんばかりの感情表現は、アブラハムとサラへの約束と同じように、予期できないこと、普通では有り得ないことです。新しい始まりが、次に続くのです。この新しい始まりを表明する場が喜びの宴です。この祝宴は食べたり飲んだりして、皆が親しくなり、明るい未来に対する希望を抱かせてくれます。嫉妬心をもった兄も、「楽しみ喜ぶ」べきとあります。私が、希望という言葉を聞いて思い浮かべるのは、とても小さな物語、あるいは聖書の中の絵です。それは例えば、誰かが世話をしなくても人知れず見事に咲いた野のユリです。それらは、「神の国」を暗示します。それは、私たちが待ち望みますが、自分で作り出してはならない、最高の希望の形なのです。

3　希望——砂漠の中の水のように

希望を体験するとき、私たちは単に待っているだけ、あるいは聞き耳を立ててるだけではありません。希望は——これは宗教体験にあることですが——繰り返し知覚的に感じ取ることができます。同時に、希望には「秘密」も含まれています。目に見えないものに対する希望は、いつも断片的にしか獲得できません。素晴らしい秘密が隠されている人生は、一人ひとりの人生が終わるまで、おそらくは時代が終わるまで続くでしょう。

その希望は、サラの場合、子どもの誕生によって、失われた息子では、祝宴によって満たされました。しかし、希望は、子どもたちと同じように私たち大人にとっても、小さな象徴的な行為、または身近ないろいろな物の中に現れ、見た目よりもずっと多くの意味をもつでしょう。

例えば、幼い子どもが、おもちゃの時計から流れる音楽に合わせて踊っています。その踊り自体には何の意味もないように思えます。何のために踊っているかわかりません。その踊りもうまくありません。しかし、それは、喜びを表しています。ある意味で、それは祝祭の表現なのです。両手は上に伸び、あたかも贈り物を受け取るかのようです。足どりはとても軽やかです。小さな足が止まることはありません。しかし、あたかもはるか彼方から聞こえてくるような笑い声と、心を打つような集中ぶりを見ると、その踊りは、ぎこちなく見えないのです。それは祝祭の舞なのです。

踊りとは全く別ですが、水は、希望のシンボルとなり得ます。洗礼の水であろうと、メルヘンにある「命の水」であろうと、あるいはサン＝テグジュペリの『星の王子さま』の中にある素晴らしい方法であろうと。

ぼくたちがいきついた井戸は、サハラ砂漠にある井戸らしくありませんでした。サハラ砂漠の井戸は、ただの穴が、砂地にほられているだけのものです。ところで、ぼくたちの発見した井戸は、村にあるような井戸でした。でも、あたりには、村なんか、一つもありません。ぼくは、夢を見ている気もちでした。

「へんだな、みんな用意してある。車も、つるべも、綱も……」と、ぼくは、王子さまにいいました。

王子さまは笑いました。そして、綱に手をかけて、井戸の車を動かしました。すると、車が、うめくようにひびきました。長いこと、風に吹かれずにいる、古い風見のようにギイときしりました。

「ほら、この井戸が、目をさまして歌っているよ……」

ぼくは、王子さまに骨をおらせたくなかったので、いいました。

「ぼくが汲んであげるよ。君には重すぎるから」

ぼくはゆっくりと、つるべを井戸のふちまでひきあげました。そして、それを井戸がわに、ちゃんとおきました。ぼくの耳には、車のカラカラいう音が、ずっときこえているし、まだゆれている井戸水には、日の光が、キラキラとうつっていました。

「ぼく、その水がほしいな。のましてくれない？……」

ぼくは、王子さまがなにをさがしていたのか、わかりました。

ぼくは、つるべを、王子さまのくちびるに持ちあげました。すると、王子さまは、目をつぶったまま、ごくごくとのみました。お祝いの日のごちそうでもたべるように、うまかったのです。その水は、たべものとは、べつなものでした。星空の下を歩いたあとで、車がきしるのをききながら、ぼくの腕に力を入れて、汲みあげた水だったのです。だから、なにかおくりものでも受けるように、しみじみとうれしい水だったのです。ぼくは、ほんの子どもだったころ、ぼくのもらうクリスマスのおくりものも、クリスマス・ツリーにはロウソクが光っているし、真夜中のミサの音楽はきこえるし、人たちが春のようににっこりしているしするので、いよいよキラキラと目にうつりました。

「君の住んでるとこの人たちったら、おなじ一つの庭で、バラの花を五千も作ってるけど、……じぶんたちがなにがほしいのか、わからずにいるんだ」と、王子さまがいいました。

「うん、わからずにいる……」と、ぼくは答えました。

「だけど、さがしているものは、たった一つのバラの花のなかにだって、すこしの水にだって、あるんだがなあ……」

「そうだとも」と、ぼくは答えました。

すると、王子さまが、またつづけていいました。

「だけど、目では、なにも見えないよ。心でさがさないとね」

〔『星の王子さま』内藤濯訳、岩波書店〕

ここで、水によって実際の渇きを止めることが問題ではありません。それは、「飲むことと全く違う何か」なのです。水は、新しい生命へのヒントとなります。それは、祝祭を示します。それは、「心に良い」ものです。それは、クリスマスツリーの光を思い出させます。そして、それはただ「少しの水」なのです。それは、とても大きな、そしてより美しい現実を示す小さなしるしであり、何か素晴らしいものへの暗示、祝祭の希望のしるしなのです。

4　希望――引き継がれる毛皮

希望の意味を正しく理解するならば、それは個人にとどまるものではありません。希望は、他の人に伝えることができます。それは、皆と共にいて初めて強く感じられるのです。自己中心的な希望は、真の希望ではありません。それは、人をさびしく、あるいは孤独にさせます。また、愛情に深く目覚めていること、あるいは他の人の話をよく聴くことは、希望の意味を正しく理解することなのです。ですから、希望は遠い未来へ向けられた感情ではなく、私たちの愛を証することのできる贈り物として他の人に引き継ぐ宝物となります。そのように理解するならば、人間は、希望によって一つの親密な共同体になるよう結びつくでしょう。それを象徴する、あるアメリカのおとぎ話「スワベド村の小人たち」があります。それは次のように始まります。

昔々、地上に小人が生活していました。彼らの多くは、スワベド村に住んでいて、スワベドダースと名乗っていました。彼らはとても幸せでした。大きな口を開けて笑いながらあちこち走り回り、誰にでも挨拶しました。

スワベドダースが一番好きなことは、暖かく柔らかい毛皮を互いに贈ることでした。彼らは皆、各自の肩に袋をかけていました。それは、柔らかい毛皮でいっぱいでした。そこで、スワベドダースは誰かに会うたびに、互いに毛皮をプレゼントするのでした。暖かく柔らかい毛皮をお互い贈るのは、とても素敵なことです。他の人に「彼は特別なんです」、と言うとき、それは、「私は君が好き！」と言っているのです。同じように素敵なことは、他の人から毛皮をもらうことです。それに頬ずりすると、どんなに暖かく、フサフサしているかわかります。そして、プレゼント用に毛皮をそっと、優しく袋に入れるときは、とっても素敵な気分になります。誰かがあなたに毛皮を贈ると、あなたは人から認められ、愛されていると感じます。そして、また何か良いこと、素敵なことを同じようにしたいと思うのです。スワベドの小人たちは柔らかく、暖かい毛皮をあげたり、もらったりします。彼らの共同生活は、全く不安がなく、とても幸せで楽しいものでした。

この小人たちは、誰も自分の毛皮がなくなることに不安をもっていませんでした。緑色をしたコーボルト〔ドイツの民間信仰に由来するいたずら好きな家の精〕が、たった一人のスワベドダースを不安にさせるまでは。そして、すぐに将来への不安が彼らの間に拡がりました。小人たちは、失望し、そして病気になりました。彼らは、愛と希望のシンボルである暖かく柔らかい毛皮を、それまでとは打って変わって、お互い隠さなければならなくなったのです。最後の一人が死ぬまで……。

希望、それは神が告げた約束に耳を傾け、喜びをもって待つことです。あるいは、希望は、踊りや祭り、生命の水の中、柔らかく、暖かい毛皮の中に生き生きと表れます。常に大事なことは、喜びです。それは、生活を変え、そして新しい次元を開いてくれます。この意味で、希望というキーワードは、宗教教育の一つの主題、そして本書のテーマなのです。

第3章　神の家への途上で

1　天と地の間のはしご

長年、私が子どもの絵に接する中で、ひとつ気になる絵があります。それには、細くて高いものが描かれています。ずっと下の方には、背が低い、やせた人間がいます。身体の半分を毛布で覆っていて、丸い石の上に頭をのせて横たわっていす。その横に葉のない木が、助けを求める手のように枝を高く伸ばしています。寝ている小さな男の上方にある、葉のない枝の横では、あたかも無に向かっているように、巨大なはしごが螺旋状に上に伸びています。そのはしごに沿って、天使よりもコガネムシを連想させる形をした、翼をつけた愉快な生き物が昇ったり降りたりしています。はしごの右側は後ろ向き、左側は前向きです。一番上のはしごの先端には、あごひげを生やし、頭の上には光の輪、短い髪をして笑っている顔があります。神です。その横に星と月が光っています。

神を描くことが許されるかどうかは、ここで議論すべきことではありません。子どもたちに、間接的に絵を通して神を描写させることは、おそらく間違っていないでしょう。その活動が、自然になされるならば、その絵は、まじめに受け取られるべきであり、また感嘆に値するのです。その子どもは、私たちの配慮や、私たちが興味深く発する質問を受けるのです。

この子どもが描いた絵の中で、明らかに子どもがこだわっているのは、圧倒的な存在感のあるはしごです。それは、神秘的な方法で天と地をつないでいます。下から上へつないでいるのです。そのつながりによって、殺風景な現実の世界に、果てしない広がりを感じさせます。また、ただ地面に横たわっているだけの人間の生活に新しい次元が現れます。

私たちは、その話を知っています（創世記28章）。その子どもは描きながら、話を聴きます。ヤコブは、父イサクと兄エサウをだましました。彼は、長子の権利を奪い取り、それによってどんな人間、またどんな子どもにも潜んでいる、密かな、あるいは正直な願望に従ったのです。彼は、兄がただ年上であるというだけで、優遇されることに耐えられませんでした。こうして、彼は祝福をまんまと手に入れました。母親は、策略を練る際に彼を助けました。けれども、非は彼にあります。彼は、心に罪の意識をもって、背にわずかな荷物を担いで遠い地へ逃げることにしました。彼はそこで、叔父を訪ねるつもりでした。しかし、荒野の旅は、長く危険です。ヤコブの旅は、これから始まるのです。彼はつらい気持ちで母に別れを告げました。

聖書を読んだ人ならば、ヤコブが二度と母リベカと会えないことを知っているでしょう。彼の状況は、人間の、また子どもの苦しみを最もよく表してはいないでしょうか。子どもたちでももう、このような心の中に押し込まれた罪悪感を感じ取ることができます。何が待ち受けているかわからない長い旅を前にした母との別れのつらさも。天のはしごの夢は、この困難な、悲劇的な状況の中で見られているのです。しかし、その夢によって確信が現れます。ヤコブ、あなたはひとりではありません。神があなたのそばにいて、共にいてくださいます。天と地の間をつないでいる場所は、そこです。そこに信頼を置きなさい。

ヤコブが夢の中で受け取ったそのような確信を、さらに他の人に受け継いでいくことは、私たちが宗教教育によって子どもたちに伝えたい希望のとても大切な部分です。希望に向かって教育すること、それは、天と地の間にはしごをかけることであり、その上で生き生きとした教育がなされるのです！

しかし、ヤコブの話は、さらに次のことを語っています。私たちを元気づけてくれる神のこのイメージは、暗記され、また、読んで習得されるのではありません。それは、まず何よりも夢なのです。これは、何を意味しているのでしょうか？

すでに早い時期から、基本的に大人の「プログラム」によってがんじがらめにされている今日の子どもたちは、「夢」を必要としています。おそらく白日夢と呼べるものです。少なくともそれによって、深く考える時間とファンタジーを思い巡らすための、心の自由な空間をもつことができるでしょう。その際、子どもたちは、見たり、手で触ったり、示すことができる世界が消えてしまう時を経験します。そこには、何もないわけではありません。絵本『丘のむこうに何がある？』（エッカー文、ヘイドゥク-フート絵、加藤常昭訳、日本キリスト教団出版局）の問いが思い出されます。そして、その問いは、さらに大きな問いとなります。次の、そのまた次の、そしてもっと向こうの一番遠い丘を越えて、希望に満ちた問いに進んでいきます。もしかしたら、そのかなたに神がいるのでしょうか。有名な絵本の書名『ふふふん へへへんぽん！――もっと いいこと きっと ある』（モーリス・センダック著、じんぐうてるお訳、冨山房）という確信が、突然、人生の中で生じます。

夢や驚きの他に、童話や絵本も、もしかしたら子どもたちがファンタジーの国へ足を踏み入れる際、役立つかもしれません。確実に言えるのは、目に見える世界を越えて考える子どもだけが、全く違う次元、つまり、神のイメージをもつことができるということです。

しかしファンタジーや好奇心だけでは、神のイメージを「作り出す」ことはできません。聖書のヤコブも、特定の神のイメージを夢に投影させました。しかしここでは、そのイメージが生き生きとし、生きのびる助けとなり、ヤコブがさらに旅をするための励ましとなっているのです。

このように、子どもたちは、神のイメージを何よりもまず、お話によって知ります。神について聞いたことのない子どもの頭の中には、神は存在しません。私は、これが、大胆な主張であることは承知しています。しかし今日、霊魂再来説との関連で主張され、また子どもたちの厳選された発言によって「証明され」たことは、子どもたちが、より早い時期から、神の観念に目覚めていることです。ただし、そのためには、子どもたちは目覚めさせられなければなりません。しかし、子どもたちが——何気なくにせよ、ごくわずかであれ——神について語られることもなく、福音を聞くこともないのでは、子どもたちは神の観念を考え出せない、と私は確信しています。

つまり、子どもにはちゃんとした条件整備、言葉、刺激が必要なのです。そのような条件整備には、適切な土台と環境が必要とされます。少なくとも、眠っているヤコブの絵のような、短い休息はともあれ、それは、暗闇の中で最も光り輝くイメージが想像できるように、全体が静寂につつまれていなくてはなりません。そのためには、子どもたちは期待以上に——この点に関しては、子どもたちを過小評価しすぎています——静かに黙想したり、思いを巡らしたりすることができます。その際、ろうそくを灯したり、少し音楽を流したりするといいでしょう。

静かにじっくり考え、そしてファンタジーや夢の世界への旅を想像することから、注意深く聴く態度が新たに生まれます。傾聴することを抜きにして、子どもも大人も宗教教育の道を歩むことはできません。

2　一つの道を歩む

ドイツ語の“Zucht”という言葉は、バラの「栽培」、あるいはめずらしい犬の種の「飼育」という意味でつかわれるときには、多少時代遅れな言葉であり、あるいは生物学関連の用語です。"Zucht"は、規則やルールと深く関わる「規律」の意味でもつかわれます。そして"Zucht"は、過去数世紀もの間、宗教教育の目標および内容との関連で「訓育」の意味にも用いられてきました。すなわち、子どもたちは「正しく」祈らなければならない、同時に、信心深く、従順な子どもに教育されねばならない、といったものです。「愛する神様、私に信仰をお与えください」と当時の子どもたちは言ったのです。他の古いテキストには、「私はよい子でありたいと思います。そして決して悪いことをしません」。今日、そのような訓育という言葉が、教育の分野に限らず、現代の親たちなら拒否する懲罰とも関連しないことは明らかであり、またそれは良いことです。

しかし、子どもたちを受洗させる多くの親たちは、宗教教育に関するものを望ましいと考えています。彼らは、アンケートによれば、幼稚園や教会、学校といった公共施設に対して、キリスト教の内容を伝えることを期待しています。他にも、現代の親たちは、子どもが自由に宗教的問いを発することができ、また大人がそれに、きちんと答えるべきであり、どんな種類の圧力もかけられるべきではない、と考えています。子ども部屋で、子どものささいないたずらをも見つめるような、教育の手段となっている監視する神は——幸運にも——すでに役割を終えました。

今日では、親たちは訓育や懲罰の代わりに、子どもたちが問いを発するまで待つようになったのです（もっとも子どもたちの多くは、問いを発するところまで行かないのですが）。家庭での宗教教育は、もはや強制的なものでも危険でもありませんが、しかしもしかすると、実際にはすでに消滅しているかもしれず、しばしば無意味に待つだけになっていることもあります。

途上にあること、道をつくること、子どもたちと共に道を歩くこと。これは、すべての古めかしい「訓育」よりも、ずっと宗教教育の核心を捉えています。その際、大きい者としての親たちは、小さな子どもたちと一緒に途上にあります。小さい者は、道に迷わないように、導いてくれる手を必要とします。彼らは、歩きながら物語を聞き、周りの風景を知ります。彼らはその道が虚無に通じていないと理解します。彼らは、共同体を知る途上にいるのです。母親、または父親が一歩を踏み出すときに、「二歩」も歩かねばならなかったとしても、彼らは疲れません。その際、無理な要求をされているとしばしば感じるのは、むしろ大人の方です。本当は、大人たちは子どもを自由にさせたいと思っています。道の傍らにある花いっぱいの草原を探索させたいのです。そして、大きな手を伸ばして、別の新しい道を行くようにしたいと思っているのです。しかし、彼らは、自分たちが求める言葉をなかなか見出せません。彼らは、赤ずきんの物語のようにオオカミへの不安をもっており、そこから子どもたちを離しておこうとします。

親たちは過度な要求を突きつけられているのでしょうか。宗教教育はそんなに難しいのでしょうか。または、父母たちは、自分自身に、そして子どもたちに多くを求めるのでしょうか。私には宗教教育に至る道の前提として、大切なのは、ほんのちょっとしたことのように思えます。ただ、おそらくこのちょっとしたことは、実際にはそれほど簡単ではないかもしれません。

まずは、何よりも教育する者の「誠実さ」について語られるべきでしょう。私は、私が正しいと思えない答えや方針を子どもたちに示すことができませんし、そうしてはなりません。もし、答えを後で取り消さねばならない場合、ただ子どもに「合わせた」、つまり、ファンタジーに満ちた神のイメージで子どもを満足させるような答えは危険です。しかし、私は神についての子どもの問いを自分のものとして考えることによって、子どもの問いをきっかけに自分が成長することができます。性急な答え、あるいは解決策は不要であるばかりか、誤りですらあります。正しい答えは、「私にはそれはわからない」です。「私はそれをよく考えなければならない」と答えることも許されるでしょう。

子どもと一緒に道を歩むには、幸い時間が長くかかります。その際、おそらく会話を先延ばしすることで、答えは急に簡単になります。会話が私たちにとって気持ちのよいものであったり、あるいは押し付けられたりすることなく、時として、子どもからの理屈に合わない質問は自然になくなります。おそらく、その質問はたいして重要ではないか、あるいは子どものちょっとした気分から出たものだったのです。他の質問は、今までと同じように新たに何度も発せられます。そして、子どもは部分的な答え、あるいはお話によって、次第に「満足させられ」ます。四歳のガブリエルが、親しい牧師との会話で、繰り返しした質問は、新しい姿で楽しく道案内をしてくれる聖霊についてでした。まさにそれが大切なのです。なぜなら、その問いは、決して完全に答えることができなかったからです。そう、今でも答えることができません。

子どもたちと共に歩む際、「自分自身の中にいる子ども」を新たに見つけるのは、大きなチャンスとなります。子どもの意味には、大人としての私が今でももっている子どもの部分と、また私自身の子ども時代においてそうであった子どもがあります。当時、誰も子どもの私に答えてくれなかった問いを思い出します。また、私が考えつかなかった問いも出てきます。おそらく不安のせいでしょう。それによって、身近な大人を困らせるのです。もしかしたら、私は私の教え子の中にある、この種の質問を推測しているのでしょうか。ひょっとして、私はその子に私がかつてもっていた同じ問いについて語るのでしょうか。私が子どもに語り、共に歌い、祈ることによって、常に私は、しっかりとその子を導かねばなりません。宗教教育は、問いに対して答えっぱなしではなく、私たち自身が意識して問い続けねばならないのです。

子どもに「洗礼」を受けさせるとき、私たちはまだ宗教教育を始めてはいませんが、すでに意識的にそのイニシアチブを握っていると言えるのではないでしょうか。私たちは子どもに洗礼を受けさせることによって、彼らを守りながら、ただ付き添って歩くのではなく、この道を神に関わる希望の道にすることに関わっているのです。

3　安心を抱く経験

そこに一人の羊飼いがいます。彼の腕の中には一匹の羊がいます。彼は愛情深くその動物を抱きしめます。それは百匹のうちの一匹である、迷子の羊です。羊飼いは、その羊を捜し、見つけ、イバラの茂みから助け出しました。彼は、その小さな羊のためだけに、そこにいたのです。他の羊たちのことを、忘れてしまったかのようです。そして、今、彼は喜び、そして羊を担いで家に帰りました。

子どもたちはこのたとえ話が好きです（ルカによる福音書15章4―7節）。彼らは、また、その話を演じます。彼らは演技の中で自分自身が羊となり、なでられます。また、彼らは羊飼いを演じ、他の子どもたちが隠した擦り切れたぬいぐるみの羊を喜んで捜します。それを抱きしめ、嬉しそうです。

「この世に」生まれた一人ひとりの子どもは、活動欲や好奇心をもって――小さな羊を探すように――この世界を発見し、探索します。しかし、子どもはそれぞれ、この世界の危険や混乱、イバラの刺や置き去りにされる不安を経験します。

その話は、人間が神によって受け入れられた存在であることをたとえています。そして、それは、広い意味で安心感、また大事に扱われる存在である人間のイメージとなります。そのような安心感は、とりわけ幼い子どもたちには必要です。大事に扱われる存在という人間の在り方は、深い信頼や、神との関係に対する前提です。その際重要なのは、宗教的な内容の伝達では全くありません。むしろ私たちの姿勢なのです。子どもは、自分を抱いてくれる両親の腕を感じ、大人たちの行動すべてを観察します。「大人たち」は一方で見本となり、他方で常にちっぽけな「神々」になります。それは、後に子どもたちの神のイメージに必然的に影響を与えるものです。

子どもたちが――私は家庭や幼稚園、子どもクリニックの中で経験するのですが――良い羊飼い、あるいは迷子の羊を自発的に演技する仕方から明らかになるのは、彼らがすでに早くから自分のためだけに安心感を求めているのではない、ということです。彼らは、主体的に動き、自分なりに安心感を伝えようとします。病気や弱っている子どもたちは、ただ元気づけられたいと思っているだけではありません。彼らは誰かを慰めることができれば、自分自身もより強められたと感じます。子どもたちの創造性と相手の立場に立って考える能力は過小評価されるべきではありません。そう、私たちにできるのは、彼らが他者を慰められるようにそのきっかけを与えることなのです。

ですから、羊と一緒にいる羊飼いの絵は、いろいろな形でシンボルの担い手となります。他のいくつかのシンボルと同様、子どもの内面に描かれたイメージとなり、不安な状況、あるいは祈りにおいて神のイメージを抱く効果を生むのです。

羊飼いが羊を捜すように、

愛する神様、あなたは私を捜してくださいます。
私は道に迷うことがありません。
神様、あなたはいつも私をごらんになり、
私を腕に抱き、家に連れて帰ってくださいます。
そこで私は喜びます。そこが私には暖かいのです。

（「迷える羊」）

子どもたちが自ら配慮や愛を経験したならば、彼らは羊飼い、また神の愛に満ちた配慮を理解できるのです。ですから、宗教教育は、特別に子どもたちに対する大人の態度に根差しています。私たちは、宗教教育と共に、またその前に——羊飼いが羊にするように——子どもに安心感を与えるのです。「私はあなたを愛します」という文または観念は、少なくとも「ひとりの善なる神がおわします」という文と同様に重要です。ここに子どもを祝福したイエスの態度が思い出されるのです。イエスは、子どもたちをそばに招き、腕を回して「抱きしめ」ました。彼は、いかなる説教も子どもにしませんでした。

優しさは、神の愛に対するイメージとなる、支えられてあることの中にあります。また、そもそも私たちが神の愛について語ることができるように、感覚的、身体的な愛の経験は必要です。

「しつけ」あるいは、ずっと昔にあった「折檻」、そして教育の枠組みの中で用いられた権威的な手段と、今日私たちは、闘わなくともよくなりました。しかし、低年齢の児童が何度も罰を恐れること、「それが迫ること」への恐れを話すのを聴いて、私は愕然となります。

今日、子どもたちへの全く間違った、あるいは過度な罰より際立っているのは、放任、あるいはわざとではないものの、配慮の欠如から来る冷淡さです。おそらく、子どもたちは、親たちと一緒にいられないという「ストレス」を、どんな殴打よりひどい罰と感じているのではないでしょうか。おそらく、子どもたちはそのような大人たちの振る舞いを十分に意識しているわけではありません。日常的だからそうなのでしょうか。あるいは、優しいパートナーとしての親たちの時間だけでなく、思いやりもまたすっかり奪ってしまうテレビやコンピュータ、そしてインターネットに対する嫉妬が生まれるからでしょうか。

もしかすると、予想もしなかった現代の日常の慌ただしさが、実際に親たちを苦しめているのかもしれません。いずれにせよ安心感や支えられてあることは、迷える子羊が経験したように、常に繰り返し、新しく教えられねばなりません。そのために、静かな時を見つけ、ファンタジーが必要なのです――そして、たくさんの大人たちの心配りも。


支えられてあること、安心感、これは大切です。ただ、大人である私たちが強く、子どもたちが弱い者、と誤解してはなりません。子どもたちは、単に小さい者、道に迷った者ではなく、すでにはっきりとした人格を備えた者と見なされなければなりません。また、これは、宗教教育の基盤を形成する態度でもあります。すなわち、その態度とは、私たちが子どもたちを一人前に扱い、またそう見なすこと、この世の安心の大きな部分は、「彼ら」のおかげであると知ることです。そして、私たちは、子どもたちからも学ぶことができます。彼らが自然に表現する感情や、大人だったらおそらく自分の中に隠してしまう感情や、突如、生じる怒りや優しさから、学ぶことができます。怒りや優しさを表に出すことを、私たち大人はたいてい強く抑えこんでしまいます。

4　儀式の継承

迷子の羊をつれた羊飼いが帰った後、村ではお祭りが催されました。放蕩息子の帰還の後、家は「祝祭の家」となりました。祭りは、神がそこにいて、私たちのそばにいるというしるしなのです。私たちの家は、神の家になります。それは、私たちがよく知っている家で、そこにいると当然のことながら私たちが「我が家にいる」と感じる家なのです。

それは、いつも盛大な祝祭とは限りません。小さな日々の（毎日でなくても）祝祭は、繰り返し私たちに神がいらっしゃることを約束してくれます。そのような祝祭の時は――ちょうど教会暦の大祝祭日のように――定期的に、繰り返され、祭りらしさを保ったままで、なおかつ誰にでもわかるものでもあります。祭りは、小さなものも大きなものも、宗教教育の重要な構成要素となります。それらはまた、儀式と呼ぶことができます。

儀式には繰り返しがあります。ですから、全く新しいものがいつもなされるわけではありません。また、帰郷した息子のために開かれた祭りも、当時のすべての祭りに見られる要素を含んでいます。もちろん、肥えた子牛もすでに用意されています。指輪や祭りの衣装、踊りの意味は、祭りの準備をする召使いにとってすでにわかっていますが、それだけでなく、たとえ話を読み、または聴く者が、その中で「祭りの要素」を見出します。それによって、話の中に登場する家が、神の家のイメージになるのです。

とてもささやかな祭りや盛大な祭りの儀式であっても、それらによって、子どもたちの日常生活の一日が「神の日」になるようにすることができます。子どもたちと共に守る日常の伝統的な儀式は、夕べのお話、賛美やお祈りです。また、七番目の日として特別に巡ってくる繰り返される日、つまり、日曜日があります。また、毎年新たに繰り返されるのは、楽しく迎えるクリスマスやイースターなどの祭りです。韻文やリズム、リフレイン、メロディーと共に、短い言葉や曲が繰り返されます。ベッドに入るとき、食事のとき、ひざまずくとき、家に帰るとき、とても小さな儀式が生じます。キリスト教教育の一部であるこの儀式の瞬間は、首飾りの真珠のようです。その一つ一つの真珠は、小さく、失くしやすく、さほど価値あるものではありません。しかし、全体として、その連なりは、生活に、何か祝祭的な、日曜日を連想させるものを与える飾りになります。自分自身、確信をもてない親たちにとって、まさに、これらは大きな助けです。もし、規則正しく、一日のある決まったときに歌い、祈るならば、親同士や幼い子どもたちの間に生じる論争は、ずっと減るでしょう。繰り返しによって、心地よく、納得した気持ちが生じるからです。

儀式を通して、祈りあるいは讃美歌の中に、ふつうでない、一回限りの「難しい」問いが発せられることもあります。私はこの言葉、「難しい（heikel）」をあえて意識して選びました。それは、「神聖な（heilig）」や「不快感（Ekel）」と語幹が同じです。その中には、ある重要な事実が見出せます。心の中について——信仰や祈りのように——語るとき、恥ずかしさを何度も克服しなければならないのは幼い子どもではなく、むしろ大人の方です。儀式の中に浸りきること、決まった形式、祈祷書や讃美歌を用いることは、その際大きな助けとなります。

決まった形式の助けによって、親たちやすべての教師たちはためらいを取り除くことが容易になります。ためらい、それは感情や、全人格的な信念を伝えようとするとき、「普通」に生じるものではないでしょうか。また、危機を克服する際、例えば、夜の闇に対するごく普通の不安を乗り越える中で、また、他の人だけでなく、自分にもある心の中の暴力性と関わる中で、儀式は子どもたちの助けともなります。心理学者のアラン・グッゲンブール（Allan Guggenbühl）は、著書『暴力の恐ろしい魅力』の中で、そのことについてはっきりと指摘しています。

「神の家へ向かう道の途上で」儀式や繰り返しを通して、神の傍らにいる安心感を子どもたちに伝えることによって、また、精神的、あるいは霊的な家の中にいるように、子どもたちが感じることによって、おそらく、その家に向かって橋が築かれるでしょう。それは、多くの場合、幼い子どもたちが、特別な神の「住む場所」と見なすような、教会なのです。おそらく、子どもたちはすでに早くから、教会の礼拝の様々な方法で、子ども向けの儀式を経験し始めるでしょう。

けれども、決定的に重要なことは、隠れ家にいるように、神との関係が守られたものになり得ることです。それは、ある決まった場所や、決まった人間と結びつくものではありません。

神様、家のように私を包んでください。
私は、その家を出たり入ったりします。
それは、この世で最も美しい家です。
そのような家は、お金では買えません。

神様、あなたが家のように私を包んでください。

（『あなたの世界は美しく欠けたところがない』）

II

子どもと共にいる神

第4章　神のイメージ

1　天にいらっしゃる愛する神様

今日では「神様の言葉を聞いたことがない」新入生がいる、と小学校の教師たちは言います。そのような子どもたちは――当然ですが――神について質問したりしません。彼らは、おそらく洗礼も受けておらず、家庭あるいは幼稚園で、これは宗教的な儀式やお話であるとはっきりわかるものにこれまで出会ったこともなかったでしょう。次に扱うのは、これとは反対に、たとえ批判的あるいは比較的無関心な態度をとったとしても、宗教教育に基本的に問題意識をもっているような両親をもつ子どもたちがテーマです。

子どもたちが選び、また自ら作った祈りの文章、あるいは『子どもたちが神様に期待すること』『若い親たちの宗教的生活』『若い親たちの宗教や教会に関する話』といった著作の中で評価された、「宗教的生活」に関する若い親たちが抱く質問を考えると、子どもたちによって描かれ、また、親たちが望む神のイメージは、ほとんど面白味がなく、むしろ退屈で極めて伝統的であるように思われます。子どもたちにとっては、祈りの中で「愛する神様」という呼びかけが、他のすべてのものよりも非常に重要です。彼らは、祈りの言葉に「私はあなたを愛しています」、あるいは「あなたはとても親切です」、「あなたは私の一番の友だちです」、「神様、あなたは優しい人です」、「あなたは私たちをお見捨てになりません」と書きます。このようなメッセージを読むと、子ども自身や、彼らに肯定的な神のイメージを伝えることを望む親たちは、ホッとします。ただし、この「愛する神様」は、決まり文句でしかありません。「愛する（lieb）」という言葉は、一つの暗号であり、あるいは、今日もなお方言の中で使用されるような、神につきものの表現なのです。例えば神について語るとき、幼い子どもは「デ・リープゴット（De Liebgott）」と言います〔本来“Der liebe Gott”「愛する神様」であるが、舌が回らず音が飛んでいる。そのような幼い子どもでも、「神」の前に慣用的に「愛する」を冠する、ということを意味する〕。

九歳の子どもが「愛する神様、私にはあなたがいてうれしいです。愛する神様、あなたは唯一の友だちです。あなたの前では怖くありません。私の友だちである神様、私はすべてのことをあなたに感謝します。アーメン」と書いたとき、この神への友情というのは、少し変ではないでしょうか。神が「唯一の友」であるなら、他の人の不安には何もできないのでしょうか。そうであれば、愛する神は、確かに友人ですが、世界や私たちの生活を変えることができないのではないでしょうか。

自然や季節、花や動物たち、創造への驚きに神が関わるならば、この愛する神は、より具体的になります。子どもたちがそれらを表現する中に、神の生きた姿を見ることができます。

親たちは、宗教教育への動機づけの際に、よく「拠りどころ」や「庇護」という言葉をつかいます。「子どもは拠りどころを必要とします」が、最もよく聞く理由です。そのために、神との関係が築かれねばならないのです。また、「助け」や「援助」といった概念にも言及されます。それに関して、ある母親は、日常生活では、宗教は「全く役に立たない」と、はっきりと書いています。ある父親は、彼自身、「神についてのイメージを全くもっていない」と言います。大半の親たちが、神や宗教と関連して、よく口にする言葉が「クリスマス」ぐらいだということを別にしても、子どもの神のイメージが、親たちの目から見ても、かなり曖昧です。

子どもたちが自分で神を描くと、かつてのような、ひげを生やした老人のイメージは、今日ほとんど見かけません。神は、大体人間の姿をしています。彼は、しばしば一人の男性であり、明るい色彩で描かれ、イエスと似ています。この人物がより特別なものであることを示すために、黄色に描かれた光輪が、しばしば付け加えられます。稀ではありますが、さらに幼い子どもたちは、神を一つのシンボルとして想像します。例えば、光、輝く冠、光り輝いている円が描かれています。子どもが自発的に描いた絵や表現をきっかけに対話が始まります。「それ、何かしら?」「なぜ、ここはそんなに明るいの?」「どこからこの光は来たの?」――私たちは子どもに聞きます。あるいは、「私たち」が子どもの描画に何を見て、その際、子どもによって私たちのどんな誤りが正されるのかを記録するのです。

神について、子どもたちがもつイメージやメッセージの中で注目されるのは、「天（Himmel）」です。特に決まったイメージがない「愛する神様」のために住む場所をつくることは、子どもたちにとって重要です。特に病気の子どもたちは、神の場所をとても正確に定めます。上に伸びる曲がりくねった道を描くこともしばしばです。そうです。天が常に上にあります。その天は、子どもの想像力の中では雲があったり、宇宙飛行士がいたりする、神が創造された目に見える空と同じです。英語には――うらやましいことに――二つの言葉があります。「スカイ」（Sky）は、目に見える天を意味します。そこでは、家や塔はスカイライン、すなわち空を背景とした輪郭で描かれ、飛行機は飛行機雲で描かれます。それに対して、「ヘブン」（Heaven）は、天に関する、第二の、やや荘重な言葉です。けれども、別の言葉があることをうらやましく思ったり、新たな言葉が欲しいと思うことは、最終的に重要ではありません。ヘブライ語やギリシア語といった聖書の原語において、「天にいます私たちの神」（主の祈り）の最初で、目に見える天を神の「住む場所」としての天と根本的に区別する、いかなる「特別な」言葉も必要とされていません。ただし、天という単語は複数形がつかわれています。私たち人間にとって、理解できない天の素晴らしさが、そこに表れます。それと共に、私たちは、子どもたちが考えていることにたいへん近いところにいるのです。つまり、彼らはメッセージや絵によって、はるか遠くのものを表現しているのです。確かに神には住む場所がありますが、見えないままで、届かないほど遠くにいます。そして、人間のいる世界のはるか上にいるのです。

「あなたは世界のボスです」と、一人の子どもが書きました。それによって彼は、形式にこだわらない現代的方法で、その壮大さを表現したのです。すべての上に高く漂っていて、あらゆる人間より偉大で、優しい、そんな神は確かに「ボス」と言えるのではないのでしょうか。

このように、子どもの神は、とても近く、友人であり、守りと拠りどころです。ただ、神は、ほとんど身近に体験することはできません。さらに、はるか上の太陽と月のさらに後ろにいらっしゃる、大いなるお方なのです。

2　監督者としての神

精神分析学者のティルマン・モーザー（Tilman Moser）は、『神さま中毒』と名付けた本を一九七六年に執筆し、センセーションを巻き起こしました。最初のページには、その本のモットー「君らの神がより友好的になったら、喜びたまえ」が書かれてあります。さらに後ろのページには、モーザーが次のように「彼の」神に呼びかけます。

しかし、彼らがあなたについて私に語った最もひどいことが何なのかを、あなたは知っていますか。

それは、あなたがすべてを聞き、そしてすべてを知り、また隠れた考えを知ることができるという、悪意をもって広められた確信です。ずいぶん前から、人間の尊厳が失われています。もちろん、これは大人の世界の概念です。子どもの世界では、それは、とてもひどいことのように見えます。なぜなら、あなたはこっそり隠れて、休みなく憐れみを注ぎ、眺め、じっと耳を傾けているからです。そして、（人々の）考えを読み取ることに没頭しているからです。

今日、私たちにとってはっきりしていることは、神がいつも自分を管理し、不安に思わせるような脅迫の道具や監督として誤用されてはならないことです。親たちのアンケートの中には、新しい考え方があります。「子どもたちは、あまり不安をもたずに成長しています。私たちは、罰する神のイメージも子どもたちにもたせません」とある若い父親は書いています。ある母親は次のように記入しています。「私たちは、警察官のような神の力を借りて育児をしているのではありません。そうでなくても、神はすでにいたるところにいるのです」。ここでは、警察官としての神が否定されています。しかし、理解しがたい神の遍在が、それ自体不安を生み出さないか、という疑問もあります。そして、時折、他の仕方で今日の親たちにも、神が道徳教育の手段としてうまく利用できるかもしれない、という考えが浮かびます。「今まで私たちは、子どもたちを決して罰してはなりませんでした。こう言うことができた頃は、いつも助かっていました。『幼子キリストがあなたを見ていますよ。神様はあなたがしていることやそれがよくないことをすべてご存じです。……』。それは、私が彼らに体罰を加えるよりもずっと役に立ちます」。ここでジョージ・オーウェル（George Orwell）の著書『１９８４年』が思い出されます。その中に登場する「ビッグ・ブラザー」は、すべてが見え、人間の行動を管理します。私たちは、このベストセラーの刊行から五十年も経った今、そのような「思想警察」への不安から完全に解放されたのでしょうか。あるいは、私たちは時折、あまりそうとは意識せずに不安をかきたてる者となっていないでしょうか。

今日でも、子どもたちは、明らかに道徳的行為と神を非常に早くから結びつけます。八歳の子どもが次のように書いています。「愛する神様、私に手と足があることを感謝します。だって、手足のない人がいるからです。私は優しく親切にしようと思います。そして、ひとりではうまくできない他の人を助けたいと思います。アーメン」。それは、多くの例の中の一つにすぎません。その中で、子どもたちは、神に「優しい」あるいは「親切な」態度を約束しています。それは、感謝の気持ちからかもしれませんが、神様に叱られないためかもしれません。

次の子どもの手紙は、非常にすがすがしく読めます。「こんにちは、愛する神様。一度何か悪いことをしても、私はあなたがいつも私たち人間を公平に扱ってくださると思っています。そして、あなたにもっと言いたいことがあります。これからもまたそのようにしてください」。この子は、管理または罰抜きに、自分の神理解に「悪」の要素を組み込むことができています。ほとんど天才的に、「公平」という言葉を用います。その際、私たち大人の心に浮かぶのは、すべての罰よりも重要でなければならない、罪の赦しです。
神様がいらっしゃることが、慰め深い助けとして好んで用いられ、それゆえに、まさに子どもたちと共にいる中で、この神様の臨在を感じやすいのですが、そのお方が「いつもおられる」ことで誤用され、威嚇的なものに転化することもあることは、明らかです。この危険が私たちに意識されることが重要です。また、子どもたちと共に日常の中で神を感じ、そして、対話の中で子どもの不安を察することが妨げられないことも大切です。

子どもは、他の理由から神に対する不安をもつことがあります。幼い子どもたちは、神との関連で、しばしば難しいことを聞きます。彼らの耳には、信仰、罪、恵み、赦し、救い、全能といった言葉は、理解できない概念として聞こえます。それは、決して「ひどい」言葉ではありません。全く逆です。これらの概念は、キリスト教の信仰の中にあります。子どもたちは、非常にゆっくりとそれらになじんでいくのです。しかし、宗教と共に、祈りや歌が、「難しく」て、正しく理解できなさそうな感情を引き起こすことがあってはなりません。不可解なことは子どもたちを魅了することがあります。しかし、特に「不安」を生んだり、その感情を目覚めさせもします。私はそれと関わり合いたくはありません！ 私の子どもの一人が、どれほど苛立ち、泣きながら、次の素晴らしいパウル・ゲルハルト（Paul Gerhardt）の歌詞（一九五四年版『讃美歌』一三番二節）を暗唱することを拒絶したのかを、私は決して忘れません。

私はあなたが恵みの井戸、
永遠の泉でいらっしゃることを知っています。
朝も夜も、そこから多くの救いと良いものが、
私たちみんなのところに流れ込みます。

子どもたちは、井戸や泉といった具体的なイメージに非常に敏感です。それゆえ、困難でもあります。ここで、小学一年生が、恵みとか救いといった概念をイメージと結び合わせるときと同じように、そのその結合が子どもたちに威嚇的に作用してしまうことがあるのです。

3　難しい「なぜ？」という質問

「神様は、私を助けてくれません」、あるいは「神は不義を正すべきではないか」と若い親たちは言います。しかし、子どもたちは、「なぜ神様は、何にもしないの？　いったいどこにいるの？」という質問をたくさんして、何度も私たちを当惑させ、悩ませます。「子どもたちは、しばしば人が実際に愚かであることに疑問をもちます。そのとき、その疑問を少しわきへそらした方がいいのです」と勧める母親もいる

のですが、そのようなやっかいな質問を簡単に聞き流すことが、いつも正しく、または可能とは限りません。

教育向けの本として二十五年前に出版されたツィンク夫妻（Heidi und Jörg Zink）の有名な本のタイトル『天にいる犬には翼があるの？』〔邦訳『幼児の心との対話』内藤道雄訳、新教出版社、一九七四年〕にあるような、どちらかと言えば「害のない」、あるいは面白い子どもたちの疑問は、今日、あまり聞かれなくなりました。子どもたちの疑問の中に――メディアの影響を考えると――すでに早くから重く深い問題がしばしば関わっています。これは、むしろ面白い疑問が真面目に受け取られるべきではないという意味ではありません。私たちは、おそらく彼らに問い返すでしょう。その際、私たちは、子どもたちの想像やファンタジーを多く知るでしょう。それについて、子どもと「共に」深く考え、推測し、一緒に問いを展開するのです。

非常に遠く離れた貧困問題に関して、子どもたちはびっくりするほど具体的な知識をもっています。もしかすると、避難してきた外国人の子どもが学校の隣の席に座っていたり、幼稚園にいるかもしれません。また、「新しい」、もしかしたら隠れた貧困、あるいは仕事がなくなる事態が迫っているのかもしれません。子どもたちは、このあらゆる種類の困窮に対して、感度の高いアンテナをもち、答えることが難しい「なぜ」という問いを投げかけます。

しかし、戦争は――数十年来、私たちは平和な時代を過ごしていますが――子どもたちにとって生々しい脅威となります。若い親たちは、まさにすべての最も幼い子どもたちに、「愛する神様、戦争がないようにしてください」と幾度も願うことが、夕べの祈りにちゃんと含まれていなければならない、と語ります。

神はそもそも私たちすべてにとって善であり、強大です。私たちは、そのことを讃美歌で歌い、聖書の中で読み、自らを慰め、子どもたちにそれを伝えていきます。しかし、大人はいつも、神に困窮や病気に関して、答えようのない問いかけをします。「なぜあなたは何もしてくださらないのですか？」。私たちは、不公平、あるいは不幸に対して何ができるのかを自らじっくり考えます。そして、私たちは、あれこれと、原因や罪を問いただします。そして、私たちはすでに早くから、子どもたちをそのような問いに巻き込み、それに関する情報を与え、外国人と分かち合おうという思いに目覚めさせます。それでもなお、しばしば頻繁にしつこくつきまとう秘めた問いがあります。それは、「なぜ神様は、本当に何もしないの？　いったいどこにいるの？」

私たちは、神が人間の理解の範疇で捉えることができない「違う」存在であることを認めなければなりません――このことは、聖書に登場する人物は、いくらでも経験していますが。すでに創世記の第4章で、神は、私たちに難しいなぞを突きつけます。神はアベルの献げものを受け入れました。しかし、「カインとその献げ物には目を留められなかった」のです。神は一見すると不公平に見える態度の理由を説明しませんでした。二人の兄弟は、それで終わりにすべきだったのです。カインは、怒りをこらえるべきでした。

しかし、できませんでした。彼は、弟アベルをなぐり殺しました。これは、聖書で最初のいさかい、最初の戦争です。多くの子ども向けの聖書物語にあるように、子どもたちにこのいさかいを「説明」することは、神自身が答えを出していない問いに答えることを意味します。私たち大人にも、神がアベルに親しい目を向けた理由はわかりません。古い子ども向けの聖書物語の説明によれば、アベルは従順で、良く祈っていましたが、反対に、カインは怒りっぽく、短気だったと言います。また、この話は、人間を単純に善と悪に分類することを禁じます。それは、私たちに、神の振る舞いの説明を放棄せよと要求します。それは、同時に多くのことを私たちに諦めさせます。私たちの人生の中で、重要なこと、恐ろしいことは、説明できません。それは、まるで神が存在しないかのように思われます。そして、おそらく私たちは、忘れてしまうでしょう。神自身が殺人者カインを理解し、彼をさらに導かれたことを。つまり、神は、彼を守るために、彼にしるしを与えたのです〔創世記4章15節〕。

おそらく、私たちのもつすべての疑問に対して神が与える最も重要な答えは、イエスご自身です。つまり、神はひとりの人間の姿になってそこにいるのです。しかし、イエスは死にました。一見、無意味であるかのように処刑されたのです。この死と同時に、私たちは疑問と共に取り残されました。もちろん、聖書の中では、この答えは、イースター、つまり復活です。しかし、この知らせ、「どんなことにもかかわらず、さらに進む」は、理解しがたく、しばしばとても私には縁がないように思われます。しかし、私たちがこの世の困窮や苦しみそのものを実際に変えることができたとしても、常に焼け石に水、とは言えないのではないでしょうか。

そうではありません。苦しみは闘いを受け入れ得るのです。子どもたちは、それを知るべきです。私たちはその際、例えば、ベルン州教会の教会法が謳っている、以下のような要請を真剣に受け止めます。「教会は、公的生活領域に対して、神の言葉が有効であると確認する。それゆえ、教会は、すべての不義並びにそれぞれの身体的・精神的苦しみおよびその原因と戦う」（「ベルン州福音主義改革教会法」第二条第四項）。

「なぜ？」という難しい問いは、最終的なものではありません。その代償として、肯定的な活動や体験があります。そして、善のための闘いがあるのです。

4 神の経験

子どもたちの日常生活の中で、神がひとりでにその役を果たすことは、明らかにありません。神は、たやすく経験できるものではありません。だからこそ私たちは、子どもたちを助けたいのです。

子どもたちの経験が、もっと言えば親たちと子どもたちのより良い経験であり、繰り返し、直接的にそして明確に神と子どもたちを関係づけることが重要なのです。自然の驚異に感嘆するとき、人間の特別な能力（言語など）について熟考するとき、私たちは、神について語ることができます。このようにして、子どもたちの日常生活の中で神との関係を子どもにわかるような言葉にすることには、勇気が要ります。その際、子どもたちは、自分で質問し、あるいは発言して、助けてくれるのです。私たちは、質問を受け止め、それらを自らの問いとし、推測し、そして――伝道しようと思わず――神について語ります。例えば、「そうね。笑ったり、喜んだりすることは素晴らしいことだわ。私は、それが神様の贈り物だと思うのよ」。おそらく私は、大人として、「ねえ、私が思うには……」と言うでしょう。あるいは、私は推測を語りますが、神を証明しようとはしません。私は、神を日常の会話に引き入れて、それによって子どもたちの関心を神の経験へ向けさせます。子どもたちとこうした会話をすることを、今日推奨されるように「哲学すること」と名付けるのは、可能ですが、必要ではありません。

子どもたちとの会話で、隠れた神を感じることができるのは、とりわけ夕べの時です。そのような会話の内容が、祈りの言葉の中に活かされることによって、日々の体験と神の体験が互いに結びつくのです。

次の小さなお話は、子どもたちによる神の経験についての会話です。

なぞなぞ

ペーター、ティナ、モーリッツそしてアンゲラは、人当てなぞなぞで遊んでいます。「私はある人を知っています。それが誰だか当ててごらん」とティナが最初に言います。

「男の人？　女の人？　年寄り？　若い？　動物？　黒い？　茶色い？」。みんないろんなことを勝手に言います。ティナは、ただ「うん」とか、「違う」しか答えられません。「ストップ！　ぼく、わかった」。モーリッツが叫びます。「ポルディだよ。君のハムスター！」。「当たり！」。みんなが拍手します。

今度は、その幼いモーリッツの番です。「ぼくは何か良いことを知っています。でも、それは、ポルディのように軽くありません」。「女の子？　男の子？　猫？　年寄り？　若い？　男の人？」とうとうモーリッツは言います。「そう」。子どもたちが知っているすべての男の人たちの名前が挙がります。けれども、どれにもモーリッツは、「違う」と言います。静かになりました。子どもたちは、一生懸命考えます。「その人は、本の人？　大泥棒のホッツェンプロッツとか、カエルの王様か何か？」「違う！」「じゃあ、生きてるの？」「そう！」。「住んでいるところを当てなくちゃ」とティナが言います。「ぼくらのそばにいるの？　ベルリン？　ドイツ？　ロンドン？　イタリア？　ヨーロッパ？　地球上？」。みんないろんなことを言いだします。

今度は、モーリッツは「そう」ばかり答えます。「これ、つまらないわ。最初は、違うってばかり言って、今は、そう、って言うんだもの。あなたは誰かそこら中に住んでいる人を考え出してるのよ。そんな人はいないわ！　私もうやめた」。もうティナは出ていこうとします。「待って、大事なことなんだ！　ヒントをあげるよ」。モーリッツが帰ろうとする彼女の背に呼びかけます。「その人とは話すことができるんだ」。再び、皆がとても静かになり、考え込みます。ペーターは、小声で言います。「電話？　それともテープレコーダー？　でも違うよね。それじゃ生きてないもんね」

するとモーリッツは言います。「ヒントです。とっても大事なことを言うよ。でも、そうしたら、みんな、わかっちゃうけどね！　その人に祈ることができます」。ペーターは、吹き出しそうになりました。「愛する神様だ。はっはっは！」。しかし、他の子どもたちは笑いません。「私、あなたが何かいいことを思いついたのかと思ったわ」とティナが言います。――「なぞなぞに、神さまが出てきたことはなかったわ！　でも、大事なことを言うわね。私は神さまが男の人だと思ってない。なぜ女の人じゃいけないの？　そっちの方がいいんだけど……」

（『私の小さな祈りの本』）

確かに私たちの会話の中で、他の神のイメージも様々ひらめくでしょう。光や風、城や道としての神です。子どもたちは、繰り返し会話の中に全く自然に神のイメージを見出し、またそれを必要とするでしょう。ここで私は、ゲルハルト・ハウプトマン（Gerhard Hauptmann）〔一八六二―一九四六。ポーランド生まれのドイツの劇作家、小説家、詩人。ノーベル文学賞受賞者〕の悲しい物語『踏切番ティール』にある小さなエピソードについて考えます。少年は、いきなり父に神について質問します。

トビアスは、離れた白樺の森に咲いている花が欲しかった。そして、ティールは、いつも、花に心を奪われるのであった。

青い空から地面に光が降り注ぎ、その光の下で、小さな青い花が見事にびっしりと咲いている。カラフルな三角の小さな旗が同時に翻り、白く光る樹幹をぬって、チョウが静かに舞っている。そうこうするうち、白樺のこんもりとした薄緑の葉っぱのすき間を通って、柔らかな雨が降りだした。トビアスは、花をむしり取った。父は彼の様子をじっと見ていた。ときおり視線を最後に上へ向けることもあった。葉っぱから垣間見える空を探していた。それは、まるで黄金の太陽の光を受け止める巨大な完璧な青いクリスタルの器のようだった。

「お父さん、あれは愛する神様なの？」。一本だけ立っている松の幹から、カリカリと音をたてて上へさっと動いた茶色のリスを指しながら、その子が突然聞いた。

ちぎれた木の皮が足元に落ちるのを見ながら、「馬鹿な奴だ」としかティールは答えることができなかった。

その男の子が、むごたらしく死んでしまった後、息子が見つけた神のイメージが、父の心の中でようやく生きたものとなった。

彼にはすべてが新しく、すべてが見知らぬものだった。彼はそれが何なのか、彼を支え、彼の周りを守ってくれているものを知らなかった。そのとき、リスがさっと動き、ティールはわれに返った。彼は、わけもわからず、愛する神のことを考えねばならなかった。「愛する神は道を越える。愛する神は道を越える」。彼は、あたかも何か関係することを思い出そうとして、この言葉を何度も繰り返した。そのとき、頭の中でひらめいて、彼は考えることを止めた。「わが神よ、それは、しかし、馬鹿げています」

ここでは、そのリスは、神のイメージの一つなのです。私たち大人には、決してわからない、でも、それは、正しく、そして生き生きとしたイメージです。もし、大人たちが、そのような想像についてもう一度考える余裕と勇気をもっているなら、そのイメージは、ただの子どものファンタジーではなく、大人にとって助けとなります。こうして、子どもの空想力は共通な会話の出発点となり、大人にとっても重要な神の経験が伝えられるのです。

第5章　過去の有名な三人の子どもたちと神のイメージ

私は、昔に戻って三つのお話を扱います。どれもが神を探し求めた子どもたちの話で、彼らは霊的なものとの初めての驚きに満ちた出会いを経験します。ここで登場するのは、有名な三人の子どもたちです。四〇〇年頃のアウグスティヌス、一二〇〇年頃のパーシヴァル〔アーサー王伝説に登場する円卓の騎士のひとり〕、そして一八五〇年頃のゴットフリート・ケラー〔一八一九―一八九〇。スイスの作家〕の『緑のハインリッヒ』です。同時に、ここで取り上げられているのは、職業的な書き手たちの体験で、彼らはしかるべき言葉の力とレトリックで自らの体験を報告していますが、ある観点から見れば、多くの人たちにとっての手本となり得るものです。

1　アウグスティヌス

有名な神学者アウグスティヌスは、自分の子ども時代について次のように書いています。

神よ、わたしの神よ、
わたしは人間の社会で、
何という悲惨と失望を
経験したことでしょう。

少年であるわたしは、この世で功をなし、人間の名誉と虚偽の富の獲得に役立つ弁論術に秀でよ、と忠告する人々に従うことこそ、正しい生き方である、と期待されたのです。

それからわたしは、読み書きを習うために、学校に送られましたが、これが何の役に立つのかを、悲しいかな、わたしは知りませんでした。とにかく、学習がのろいと、笞《むち》で打たれました。この方法は大人に賞賛されていたのです。しかも、われわれの前に同じ生活をおくった多くの人々がこの苦痛に満ちた道を押し付けていましたので、わたしはその道を辿ることを余儀なくされ、アダムの子らの労働と苦痛は倍加されていたのです。

ところが、主よ、われわれはあなたに祈願する人々に出会いました。そしてあなたの存在を知っている彼らから、われわれも出来るかぎりあなたについて考え、ある偉大な方が存在し、われわれの感覚では捉え難いが、その方はわれわれの願いを聞き、また、われわれを助け得る、ということを学びました。そこでわたしは少年でありながら、あなたに、わたしの助け、隠れ処であるあなたに祈願しはじめ、あなたを呼び求めるために、わたしの舌の結び目をむりやり開き、小さいながらも小さからぬ熱心さで、学校で笞打たれないようにと、祈願しました。

しかし、あなたがわたしの願いを聞いてくださらなかったことは、わたしにとり無益ではありませんでした。わたしは笞打たれると、大人たちによって、しかもわたしに禍いがふりかからないようにと望んでいた両親によってさえも、笑いものにされました。笞打たれることは、当時、わたしの重大かつ深刻な禍いであったのに。

……それでもわれわれは罪を犯していました。要求されていたほど書くことも、本を読むこともしなかったからです。

主よ、たしかに記憶力と才能が無かった訳ではありません。あなたはわれわれにこの年齢にとっては十分なほど記憶力と才能を与えてくれておりました。でも、われわれは遊ぶことに熱中し、同じように遊んだことのある人々から罰せられました。

ところが、大人の遊びは仕事と呼ばれ、子供が同じように遊びをすれば、大人に罰せられます。……

それにしても、主なるわたしの神よ、
わたしは罪を犯しました。
自然万物の統治者、創造者よ、
しかもあらゆる罪の秩序者よ、
わたしの主なる神よ、
わたしは両親と教師の規則に逆らい
罪を犯しました。

彼らがどのような意図をもっていたにせよ、わたしに学ばせようとした学科は、後で良いことに役立てることが出来ました。……

この事態をご覧ください。
主よ、憐れみをもって。
われわれを救ってください。

すでにあなたを呼び求めています。
まだあなたを呼び求めていない人を
救ってください。
彼らがあなたを呼び求めるように、
あなたが彼らを救いたもうように。

〔『告白録』第1巻第9―10章、宮谷宣史訳、教文館〕

著者は、『告白録』の中で、四世紀末の自分の成績について描いています。彼は学ばねばなりませんでしたが、「遊ぶことに熱中した」と書いています。幸いに、と現代の私たちには言えます。その際、まさに遊びにおいてこそ、人間に必要な自己能力について語られていると言えるでしょう。しかし、ここでは、遊びは罪と評価されています。大人たちは、罰、すなわち厳しい体罰で応じます。アウグスティヌス本人が後になってよいと認めた罰です。現代人は、この子の扱いを、ひどく権威主義的で、そう、サディスティックと見なします。「永遠の命」を待望することなどほとんど慰めにもならず、ほんのわずかしか触れられません。神は、短く自然万物の統治者と言われます。とにかく、彼は創造者なのです。
しかし、神の呼びかけや大人のそばで少年が聞いた祈りの言葉が、とりわけ繰り返されます。それによって、彼は神について知りました。「ある偉大な方が存在し、……われわれの感覚では捉え難いが、その方はわれわれの願いを聞き、また、われわれを助け得る」。とにかく、祈りによって、幼いアウグスティヌスが神について再び考え、「出来るかぎり」神のイメージを考えたのです。体罰にもかかわらず、最初の霊的な体験とでも言えるような、神との関係が生じます。――それは、「奇跡、あるいは恵まれた素質」と言えます。

2　パーシヴァル

次は、二人目の子どものお話です。その子の父は、有名な騎士でしたが、戦死しました。彼は、森の中で育ちました。母親の教育方針は厳しいものでした。――息子が、自分から騎士になろうと思わないように、騎士道について、一切経験させなかったのです。母親は、荒れ地に逃れ、貧しさと自己否定の中で暮らしていました。さらに、その生活を特徴づけているのは、“vlüchtesal”でした。この単語は、「逃亡」、「救助」という意味ですが、「欺瞞」という意味もあります。少年は、母親の一方的な思い込みによって、自ら興味や関心を持つまで、無理やり世俗の影響のない世界で暮らしました。彼女は、最初に神について、心配そうに、でも好奇心をそそられるよくある質問をしました。「神様って何だと思う?」。ここで、それに続く森の場面が登場します。中世ドイツ語から現代ドイツ語への翻訳です。

「ああ、お母さん、『神様』っていったい何なの?」

「坊や、真剣に聞いてね。

神様は昼間より明るく、人間と同じような姿をしているの。

それで、坊や、教えを覚えていてね。

困ったときは、神様に祈りなさい。

神様は人間のそばにいつもいます。

でも、邪悪で、裏切りだけを知っている地獄の主と呼ばれる者が、他にもいるの。

彼に関わり合ってはいけませんよ。決してフラフラ迷ったりしないでね！」


そうして、彼女は暗闇と光の違いを示しました。……


ある日のこと、彼は長く伸びた山腹を慎重に登り、一枚の葉をもぎ取りました。

そばに坂道がありました。そこで彼は物音を聞きました。ひづめの音です。

彼は狩用のやりを手に取り、言いました。「何の音だろう？　ああ、今、怒り狂った悪魔がこっちにやってくる。私は悪魔に勝つ。絶対に！

悪魔は恐ろしい、とお母さんは言ってたな、お母さんには勇気がないんだ」

そうして、彼は立ち上がり、戦いに備えました。

ああなんと、鎧で全身を包んだ、三人の立派な騎士たちが彼の方に馬を走らせているではありませんか！

少年は、彼らがみんな、神であると心から信じました。そして、彼は長く立っていられませんでした。道の上に、膝をついて倒れました。

少年は大声で叫びました。

「助けて、神様、あなたはきっと助けてくださる！」

パーシヴァルが登場するこの叙事詩は、ヴォルフラム・フォン・エッシェンバッハ（Wolfram von Eschenbach）〔一一六〇／八〇―一二二〇頃。中世ドイツの詩人〕の作品です。エッシェンバッハは、一二〇〇年頃知られていた題材を使いました。彼が手本にしたのは、クレティアン・ド・トロワ（Chrétien de Troyes）でした。トロワは一世代前の人です。エッシェンバッハは、彼と別の立場をとりました。つまり、元々トロワによって描かれた英雄ペルセヴァル〔パーシヴァルのフランス語名〕は、三人の騎士たちの中に三人の天使を見て、パーシヴァルのようには神自身を見なかったのです。しかし、エッシェンバッハが描くパーシヴァルは三人の騎士の中に神自身を発見します。母親ヘルツェロイデが「昼間より明るい」と神について言わなかったでしょうか。そう、それはパーシヴァルがそこで見た神に違いありません。この光り輝く三組の甲冑を前に、少年は膝をつき、救済を求めて祈りました。アウグスティヌスのように、救いを祈ったのです！　でも、全く違うものです。

パーシヴァルは、自然と共に、森の中で孤独に育ちました。ただ、鳥をやすやすと射る小型の弩《いしゆみ》が（彼はとにかくよく遊ぶ子どもですから）騎士道のしるしでした。彼は、後に傑出したアーサー王の騎士となり、聖杯を探すのですが、すでに子どもの頃から生まれつきもっていた騎士道精神を隠すことができませんでした。つまり、自分ひとりで鳥を射止めたいと思いながらも、その鳥への明らかな同情があったのです。彼は、打ち取った鳥の死に涙しました。しかし、泣くことができるのは、弱さだけではなく、感情の表現であり、騎士の一つの能力なのです。鳥の歌は、彼の胸を開き、喜ばせ、そして苦しめました。パーシヴァルは、「被造物のため息」を知っています。彼は、苦しみや自らの罪を隠しませんでした。さらに、彼は未熟で、世間知らずな愚か者でした。幼いアウグスティヌスのようには教育されてはいませんでした。

パーシヴァルは、アウグスティヌスのように神の助けを願いました。しかし、林間の空き地で彼の前にいるのは、神ではなかったのです。彼が神と見なした騎士でした。「愚か」にも、彼は錯覚したのです。

3　緑のハインリッヒ

次は、神を求める小さな主人公の三人目です。時代を大きく飛び越えて、一八五〇年、チューリッヒのゴットフリート・ケラーが描いた「緑のハインリッヒ」へと話は移ります。

夕方、鐘が鳴ると、母は神様のお話をし、私に祈りを教えてくれた。私が、神様って何？ 男の人？ とたずねると、いいえ、神は精霊ですよ、と答えた。教会の屋根がだんだん灰色の影につつまれて、光が小さい塔を上へ上へと這い上がってゆき、やがて風見の金色の鶏だけがきらきらと光っていた。すると、突然ある夕方私は、この鶏が神様なのだと固く信じてしまった。この鶏は、私が得意になってささげた短いお祈りのなかでも、漠然と神の存在を告げる役割をつとめていた。ところがあるときもらった一冊の絵本の中で、きれいに彩色された一匹の虎がおごそかにうずくまっている姿を見てから、だんだんこの方が神様らしく思われはじめたが、もちろん鶏の場合と同様、私はそういう考えをおくびにも出さなかった。これは、全く心の中だけの考えであって、ただ神様という名が出るときだけ、はじめはきらきらした鳥の姿が、次には美しい虎の姿が目の前に浮かんできたのであった。そのうちに私の考えの中には、はっきりした姿が浮かばなくなって、もっと高尚な概念が紛れ込んできた。主の祈りは、その区切りと句のなだらかさとのために覚えやすくできていたし、それを反復するのも楽しい練習になったりしたので、私はそこここを二度も三度も繰り返したり、ある句は早口に小声で言い、次の句はゆっくりと高い声で調子をつけ、それからまた終わりから前へ逆に唱えて、最初のわれらの父よという言葉で結んだりして、いろいろな変化を加え、きわめて巧みにお祈りをしたものである。神様というものは、いざという場合には、前にいった鳥獣なぞよりはたやすく、筋の通った話を聞いてもらうことのできるお方に相違ない、というような漠然たる考えが、心の中に根をおろすようになったのも、このお祈りのおかげだった。

こうして、私と、いと高きものとの間には、無邪気な楽しい関係が成り立った。私は何の要求も感謝も、なんの正不正も知らなかった。そして神様におすがりする必要の生じない限り、神様を煩わさないように心掛けていた。

〔『緑のハインリヒ(一)』伊藤武雄訳、岩波文庫〕

おそらく、この子どもは先述の二人と比較してはならないでしょう。それとも、子どもである彼の生活に、とりわけ目立った霊的要素があるでしょうか。

この少年に常に繰り返し起こったことは、他の次元を「世俗」体験の中に取り込むこと、つまり、世俗の信心と表現できるでしょう。言い換えれば、「いと高きものとの無邪気な楽しい関係」が生じたのです。「ユーモア」も、神との関係の一要素であると考えられないでしょうか。このとても具象的な信仰が一番最初に子どもたちの心の中で生じ、それがさらに深く神を理解できるようにまでなるでしょうか。それと関連して、ゲルハルト・テルステーゲンの有名で、神秘的な詩の冒頭に、全く違ったことが謳われています。

疲れた心よ、安らぎに転じよ

そして像のすべてを忘れよ
穏やかに目を閉じ、
神ではない、いかなる者も、あなたには考えられない。
沈黙し、主が働き、望むことに静かにとどまっていなさい。

緑のハインリッヒについては、静かにとどまることはありません！　イメージを忘れることもありません。正反対です！　多くのファンタジーやイメージがまさに生まれます。そのイメージは、神に対する似姿となり得るものです。このような思考の動きは、パーシヴァルの際にすでに予告されていたものです。

しかし、私たちはアウグスティヌスやパーシヴァル、そして「緑のハインリッヒ」に神を探す上で何が共通するのか求めています。それは、一目瞭然です。方法こそそれぞれ異なりますが、それは神への「祈り」です。「その方はわれわれの願いを聞き、また、われわれを助け得る」（アウグスティヌス）、彼の前で膝をついて、そして「助けて、神様、あなたはきっと助けてくださる！」（パーシヴァル）、「（神様は）いざという場合には、……筋の通った話をきいてもらうことのできるお方」（緑のハインリッヒ）。
また、ゴットフリート・ケラーは、これと関連して、私たちに「主の祈り」に対するユーモアに富んだヒントをくれます。それは、全く偶然ではありません。ただ、祈りそれ自体が、世紀を越えてキリスト教の中心的態度として重要なだけではなく、全く決まった祈りに合わせて唱えることが大切なのです。その祈りは、イエスご自身によってなされ、そして世代を結びつけるものです。「いつも同じように」祈られ、そして生活や信仰の規範の変化を克服してきたものなのです。この祈りを唱えることは、一つの「儀式」の本質です。それは繰り返され、声をそろえて一斉に唱えられることを意味します。私が今日、あるいはひとりでぼーっとしているときに、あるいは――子どもそして大人として――すべてを理解していないときにも、継続して唱えられ、それによって私は支えられます。繰り返しによって、すべてを理解しなければならないことから、私は解放されます。――それでもなお、私は祈りの個々の中身が私の心を明るくしてくれるので、何度も新たに元気づけられるのです。

第6章　祈り

子どもと共に祈ることは、意識的に神について語り、「神様が私の生活に関わっている」と感じさせる宗教教育の最も重要な第一歩かもしれません。その際、すぐさま、私たち親は、自分から祈るか、またはそれができるかどうかが問われます。確かに、すでに触れたアンケートによると、祈りは――教会に通うこと、あるいは聖書を読むことと反対に――今日でも非常に広まっています。それは、人間の中に深くある欲求です。自分の生活をより大きな関連の中に置き、また――おそらく無意識に――より多くの安心と尊厳を与えるために、人間の喜びや苦しみの外、あるいは「上方」にいる「あなた」に呼びかけるのです。その際、祈りは、しばしば遠くの、時には全く近くの神に向けて、神がいてくださり、関わってくださるように願います。また、神が直接的に感じられない場合ですら、私たちは祈りによって、自らを変え、生活も変わります。

さらに、私たちの祈りは、しばしば深いため息や助けを求める呼びかけです。しかし、また、喜ばしい、解放された出来事の際、「神様ありがとう！」といった、重荷を下ろした喜びや感謝の呼びかけでもあります。そのほかに、私たちの生活の中には、「主の祈り」のような決まった祈りや、頭に浮かぶ教会の聖歌、クリスマスの歌があります。親として、子どもに祈りを教えるためには、これで十分でしょうか。私たちは、子どもにもっと良くしてあげられなかったのでしょうか。

それ自体が、あらゆる完璧主義への警告です。正しい、あるいは間違った祈りなどないのです。おそらく、最初に子どもは神という言葉を、とても易しい歌の中で覚えるでしょう。それによって、神に問うことを学びます。さらに子どもは、子ども特有の問いで、神とお話ができることを経験します。母親、あるいは父親は、神と共に語ります。私に神が見えなくとも、神は私と共にいます。そのつながりは、親たちの愛よりもわずかですが、それは、さらに進んで、――そしてわずかな瞬間に感じられるのです。子どもたちと共に祈る際、大人である私は、改めて祈ることを学ぶことができるのです。

『ベンヤミンは大好きな神様を探す』という私の話の中で、子どもは神を探すために出かけます。夢の中の世界で、ベンヤミンは天に上り、空を飛びます。ここで、神様はきっと見つかるはずだ！　後に、親たちと共に祈りの中で、その男の子は、神が自分の祈りを聞き、自分を理解してくれ、自分は神とつながることができることを経験します。祈りの中で経験する神との関係は、神がどこにいらっしゃるかよりも大切になるでしょう。そのような経験は、自明のことではありませんが、子どもたちと共に祈る一つの目標となり得ます。

1　儀式と静寂

一緒に祈ることで、幼い、とても幼い子どもは、様々な仕方で安らぎを覚えます。状況そのものが安らぎに満ちています。夜、私はベッドに寝ている子どものことを思います。温かく、満足そうに、そばで親が見守る中で……。この母親、あるいは父親に――願わくば一時の余裕がありますように。それは、毎日同じようになされる「ベッドに入る儀式」につながります。さらに、歌や祈り、おやすみのキスが加わるでしょう。毎日がそうなので――あるいは似たようであるので――一日はいつもと変わらずに終わります。そうして幼い子どもは、今、この世界は順調であると思うのです。その子は、信頼する人のそばで、慣れ親しんだ状況の中で安心します。

しかし、守られているという感情は、親たちや親といる状態によってだけではなく、歌、あるいは祈りの言葉を通しても伝わります。これらの言葉が理解される前から、すでに知っている言葉にもう一度出会うだけで、子どもたちは喜ぶのです。言葉の繰り返しの類、例えば、リフレイン、リズム、規則的に繰り返される文、とりわけ音の繰り返しを生む韻は、子どもを喜ばせます。それらによって、すでに一歳あるいは二歳の子は、祈りを楽しさいっぱいのイベントに感じます。この出来事は、とても幼い子にとって、必ずしもまだ本来的な祈りになってはいません。

その際、歌われるのは、いつも夕べの歌でなくてもいいのですのです。しかし、確かに喜び、楽しみ、そして安らぎを与える言葉が、歌あるいは祈りの中に登場する神について、たくさん話すための良いきっかけになる場合もあるでしょう。喜ばしいことと関連することで、神が初めて子どもの意識の中に入ります。

例えば、夕べの儀式を定期的に行うことや、場合によっては、ロウソク、あるいは控えめであるけれども、部屋を荘重な感じに模様替えすることがもたらす良い雰囲気です。ちょっとした音楽で儀式を始めることができます。すでに見慣れた絵があり、新聞から興味を引く絵が切り取られます。小さな手の上から軟膏のにおいがします。あるいは母親の香水の瓶からしずくがしたたります。これらは、儀式の外観を構成するごく小さな要素です。その要素は、儀式を感覚的に、直観的に、そして毎回新しく、小さな芸術作品にするのです。その際、一つ一つのものがシンボルとなり、子どもや大人に語りかける、とても特別な瞬間です。子どもたちは、選ばれたシンボルそのものに、徐々になじんでいくことでしょう。

繰り返しがある、型にはまった幼子の祈りには、危険があります。機械的に唱えてしまうことです。そして、いつも一方的にならざるをえない個々のテキストに、あまりにも子どもが固定化されてしまうことです。おそらく、子どもはいつも同じ詩を望み、何も考えずに、ただ気持ちのいい声を聞き、あるいは話します。ですから、初めからずっと祈りと歌が交互に入れ替わるのです。歌や詩、祈りが、この目的のために集められることには価値があります。場合によっては、子ども一人ひとりのために書かれた、一冊の小さな本にまとめることも大事です。祈りと歌が入れ替わるとき、子どもはむしろ、本来、「何」が語られるのかを深く考えます。

もし、子どもたちが韻を踏んだ祈祷書や伝統的な祈りを変えて、自分用にアレンジするなら、テキストが一見妙に変えられてしまった場合も含めて、私たちはむしろ喜んでいいのです。

安らぎの瞬間もまた、夕べの儀式なのです。おそらく、子どもは自分の心の中から新しい声を聞くでしょう。大人と協働して共に高められるのです。静けさの中で、子どもは自分自身と向き合います。同時に、母親、父親、兄弟、姉妹の目の中に、新しい性質が輝いているのがわかるでしょう。その子どもは、静けさの中で、沈黙の中で、かすかな、わずかな言葉を聴くことを学びます。彼は、まさに神について問う間、言葉にできないものと出会います。それらの問いは、いつも答えねばならない、また答えられるべきものではなく、むしろ、しばしば平穏に未解決のままにしておきます。親の無知や怠惰のためではありません。沈黙の中で誰にも語らない秘密が大切なのです。そう、あれこれしゃべってしまってはいけないほど、生き生きとしたものです。一緒に沈黙することは、一体感をもたらします。同時に、自省と神への沈思を促します。

2 自らを物語る

「なぜこの世にいるのかわからないけど、うれしい」と学校に入学したばかりの女の子が書いています。「神様、ありがとう。笑ったり、泣いたりできて」と他の子どもは書いています。この子どもたちは、自分のこと、自分ができること、喜びや不安を語りたくてたまらないのです。六歳の女の子は、休暇中、たくさんの子の世話をしている私のそばで、私たちの夕べの祈りを三日間、静かに聞いていましたが、ついに突然大きな声で怒りだしました。

「今度は、私の番よ。愛する神様。わ、私はフランシスカです。私は、私は、私は……」。私はこの「私の呼びかけ」を忘れません。そして、私は、子どもの祈りに一人称が頻繁に現れることを非難しようとは思いません。その子は、自分だけがもつ喜びや苦しみ、そして関心全部をもって神の前に立ってよいし、そうすべきなのです。自分ができること、なすことすべてが大事であることを、その子は知っていいのです。そう、祖母や猫、お気に入りの花やテレビ番組、また——少し後で——学校での不安や馬が欲しいという密かな望みが私にあります。神様の前にこのすべてを持ってきて、そして、私のことを神様に語っても構わないのです。神様は、興味を持ってくださいます。——そう、神様は本当にすでにすべてをご存じで、きっと私の話を聞きたいと思っています。

私の足、私の腕は疲れました。
私はベッドに横たわります。暖かいです。
眠ること、そして目覚めることは、なんと素晴らしいことでしょう。
私には、多くの素晴らしいことがあります。

あなたは偉大なる神、あなたは私のそばにいます。
あなたは偉大なる神、私は、あなたに感謝します。
アーメン

（『神様、私はあなたと話すことができます』）

私は走るのが好きです。私はかけっこが大好きです。
私はいつも新しい通りを覚えます。

私は自転車で大急ぎで走ります。私は勢いよく走るのが大好きです。

私は、風が音をたてて鳴り響くのを聞きます。
私は笑うことが好きです。私は笑うことが大好きです。
私はとても多くの楽しいことを知っています。
私はおしゃべりが好きです。しゃべることが大好きです。
お母さんが、そばに座って聞いてくれます。
かけっこして、自転車で勢いよく走り、笑い、そしておしゃべりできることを、
神様、あなたに感謝します。あなたはすべてを与えてくださいました。
アーメン

（『神様、私はあなたと話すことができます』）

私は機嫌が悪いです

私は機嫌が悪いです。

なぜだかわからないけれど。
他の人は言います。
ばかなことをするなよ！
私は今の自分に満足していません。
私は足を踏み鳴らし、大声でののしり、
こう言います。「ほっといて！」
そして自分のドアをバタンと閉めるのです。
心の中に悪い獣が居座っています。
それが私を怒らせ、そして私にパクリと食いつきました。

ときどき私はうれしくなります、
なぜだかわからないけれど。
周りの人みんなが好きです。
私は今の自分に満足しています。
私はひとりで歌い、大きな音で口笛を吹きます。
私はすべてをぎゅっと抱きしめたいのです。

草原の花を摘み取りたいのです。
心の中にピエロが笑って、ぴょんぴょん跳んでいます。
彼は、私を元気に、そして幸せにしてくれました。

神様、私はあなたに呼びかけます。私のそばにいてください。
あなたは私が怒ったり、歌ったりするのを見ています。
ですから、私は両方をあなたに見てもらいたいのです。
ピエロがいる私の心と獣がいる私の心とを。
神様、あなたはその両方より強い方です。
神様、いつも私のそばにいてください。
助けてください。悪い獣を追い払うのを。
そして、ピエロに教えてください、何をすればいいのかを。
私のところにずっといてください。それが私の願いです。
（『神様、私はあなたと話すことができます』）

大人が子どもの祈りに望むような仕方で、子どもたちはまさに静寂の中で自分のことをもっと深く考えます。フーベルッス・ハルプファス（Hubertus Halbfas）〔一九三二年生まれ。ドイツのカトリック神学者、宗教教育者〕の著作『泉への跳躍――祈りの学校』には、ひとりでいることへの勇気、泉の深みへと潜ること、また、迷路の中、ひとりで先頭に立って進むことが、祈りのあるべき姿として描かれています。私たちは、神への道の途上にいます。神は粘り強さを要求します。そして、道はおのれの存在の深みに至ります。その歩みは静かですが、止まってはいません！

しかし、私たちは、このように存在の深みへ下る他に、幼い子どもたちと共に、語ったり、さらに深く考える「私」について語ることができます。過ぎ去った時がまた生き生きしてきます。それによって幼い子どもの全く個人的な体験が、祈りの中に単に入り込むだけではありません。体験した日すべてが、出会いによって語られ、同時に神の前に置かれるのです。私の書いた『おやすみ、アンナ』という絵本には、子どもが夕べの儀式になじんでいく一日の小さな物語が多数描かれています。


「パパ、寝る前のお話をして！」

父は頭を振った。

「アンナ、お前から話してごらん」

「今日の話？」

「そう、お前だけの夜のお話だよ」

アンナはよく考えてから話し始めました。

今日、パパは、私をからかったの。面白かったわ。でも私、最初泣いちゃった。ミルクライス〔米のデザート〕があったからよ。それ、私、嫌いなの。でもパパは言ったの。一さじでいいから食べてごらん。もしかしたらびっくりするほどおいしいかもしれないよ。それからまた言ったわ。もう一さじ食べてごらん。びっくりするよ。それがまた続くのよ。私は知らないうちにどんどん食べていたの。驚いたのは、太ったクマが、古い子ども用のお皿の底に書かれていたの。それ、忘れていたのよ。そのお皿から、食べることがあんまりなかったから。それから、そう、リンゴムースがあったわ。大好きなの。そして、そのミルクライス、とってもまず〜くもなかったわ。

「ありがとう、アンナ。パパの料理、結構大変だったんだよ」とパパが言った。
「夕べの祈りにアンナのお話を入れてみようか」

善なる神様。
あなたはお米を成長させました。
また、リンゴムースのりんごも。

おなかのすいている人たちがいます。
たくさんの子どもたちが死んでいます。
食べるものが何もないからです。
神様、それは不公平です。
私たちはそれを変えたいと思います。
どうか、おなかいっぱいの人やおなかがすいている人、
みんなのそばにいてください。
私たちはおなかいっぱいです。
でも、心は空いていて、あなたでいっぱいにしてほしいのです。
アーメン

おやすみ、アンナ！　おやすみ、パパ！

3　神について語る

子どもは、ひとつひとつの祈りによって神について語ります。基本的にどの祈りも、冒頭でまず、「神

様、私はあなたとお話しできます」と言います。神への呼びかけは――子どもにとって、愛する神であり、偉大なる神、強い神、救い主、または父です――子どもが神とどう向き合うかによって、様々な表現があります。一番多い呼びかけが、「愛する神様（Lieber Gott）」です。そう、昔ながらの形式を使うのです。けれども、子どもたちの文章は、神についてもっと多くのことを表現し、子どもらしい想像を表していきます。祈るときの状況、あるいは形式的な祈りの出だしを通して彼らは触発され、神について思索し始めます。神との関係にどっぷりつかったり、神が遠のいたり、近づいたり、また、大きくなったり、小さくなったりしながら、神の周りを回る様子が、しばしば子どもの祈りの中に見出されます。そのように多少不器用に書かれた子どもの文章は、とても貴重です。なぜなら子どもたちは、礼拝をスムーズに運ばせるのに必要な、平凡な「実用的な祈り」の中では、このような表現を出す余地がほとんどないからです。子どもたちの祈りの文章を長い間見てきて、深く考えさせられます。子どもたちの想像が文字にされることで、私たち大人は、使い古された、型通りの子どもの祈りを新しい観点から考えねばならないと思わされます。

子どもたちは、しつこいくらい繰り返しこう書きます。「神様、私はあなたが好きです」「あなたが好きです」「あなたは私にはかけがえがありません」「あなたは私の大の親友です」。その言葉の裏には、深く神と関わりたいという思いがあります。それに加えて、神は何でもできることが重要です。「そう、神は何でもできる」「神はなんでもちゃんとさせる」「神は何に対しても注意している」。このような「愛する」神の他に、昔ながらの「監視者」としての神も感じられます。私たちは、そのように子どもたちが神を表現しても、決して無遠慮に子どもたちの「言葉を遮る」ことはしません。しかし、神についてのあまり堅苦しくないメッセージを加えて、祈りを活気づかせるようにします。聖書のお話が、祈りを豊かにしてくれます。その結果、祈りが堅苦しさから解放されるのです。もし子どもたちが自分の文章の中で、羊飼い、あるいは王として神について触れるならば、こうなるでしょう。例えば、「救世主」、あるいは「平和をもたらす人」は、逆に、大人の世界から無理強いされた「未消化なもの」という印象を与えます。「神の手の上にある」あるいは、「強固な壁のように自分を囲んで守ってくださる神」といった子どもの文章に描かれている力強いイメージは、詩編を思い出させます。

自由なものであれ形式的なものであれ、子どものものであれ大人のものであれ、彼らのもつ神のイメージという観点から祈りの文章をじっくり考えることは常に重要で、もし可能であれば注意深く訂正することも重要です。その際、昔の子どもの祈りは、脅しに満ちたものであれ平凡なものであれ、子どもにはあまりしっくりくるものではないでしょう。私たちは、とりわけ、神が監視者となって子どもたちを脅かすようなところでは、躊躇なくそのような祈りを中止します。

4　感謝と思考

「ありがとう」「どうもありがとう」と言うこと、それは、今も良いマナーでありますし、かつてそうであったものです。子どもが何かプレゼントをもらったときには、「何ていうの？」と母は期待を込めて聞きます。感謝の言葉がはっきりと、速やかにかつ可能な限り自然に出ることが望まれます――さらに手が「きちんと」行儀よくのばされることが。

今日、決まりきった形や文句、見た目のマナーを大事にする人は、確かに少なくなっています。しかし、今日でも私たちが望む本来の感謝の在り方は、母や祖母の子ども時代よりも、幸い時代遅れになっていません。神への感謝もそうです。

「愛する神様、あなたに感謝します」式のよく知られた感謝の歌は、祈りへのきっかけやはじまり、導入になります。次に続くのは、しばしば生活の感情表現です。そう、「生活の質」です。子どもたちは、自らの存在の質を見出します。子どもたちは、感謝することによって、周りのすべてが当たり前ではないことを、時として意識するようになります。自明であることが、特別なことになるのです。

感謝（Danken）と思考（Denken）、これらの言葉は、同じ語源からきています。感謝することによって、世界について深く考えるようになります。反対に、自分の存在を深く考えることで、感謝へと導かれます。感謝によって、考える価値あるすべてのものが、一つの関係、すなわち、感謝する存在である神との関係に置かれます。神を前にして、自らについて、また世界について思索する能力によって、子どもに宗教的な根本感情が生まれます。その感情は、私たち大人が多くの言葉を費やすことなく伝わり、そして神や宗教の専門的な知識と結びついていません。そうして、私たちは、子どもたちに、思索したり、観察したり、聴いたり、夢を見たりする時間、あるいは一見、何もしていないような時間を与えるのです。また、子どもたちが考え出し、観察したことで見つけた言葉を話し、またさらに考えるように、私たちは手助けします。ものに名前を付けることによって、それらは理解できるようになります。

ある子どもが、祈りの言葉を書きました。「愛する神様、私はこの世の美しい色合いや緑の木々をあなたに感謝します」。他の祈りでは、「こんにちは、愛する神様。今日私はあなたに感謝したいです。私が元気でいられて、ありがとう。私に必要なすべてが与えられて、ありがとう。そう、私は必要以上のものを手にしています」。この子どもは、実際に自分が存在するすべてのもの以上の何かをもっていることを発見しました。――感謝の祈りをささげるためのふさわしい心構えです！

幼い子どもと共に、自然の観察を取り入れたり、または次のように素直に祈ることができるでしょう。

愛する神様、あなたに感謝します！
すべての動物を与えてくださったあなたに感謝します。
屋根の上の鳥、小川の中の魚、
そして家の中の猫、地下室のねずみ、
ハエ、そしてノミ、
動物園のゾウ

すべてを私は喜んでいます！
ありがとう、愛する神様！

（『神様、私はあなたと話すことができます』）

確かに、食前の祈りには賛美と感謝が含まれています。今日では食前の祈りは、私たちに問題を投げかけます。祈りを妨げているのは、子どもの落ち着きのなさ、不規則な食事の時間、空腹、あるいは私たち自身の忙しさだけではないようです。それでもなお、規則正しい食前の祈りが、深く考えるちょっとした機会や心からの感謝につながります。祈る際、私たちが落ち着く暇がない場合には――成長した子どもたちと一緒に――食事の前に歌うこともできます。おそらく、多くの場所でよく見られる輪になって手をつないで食前の感謝をささげる光景と「祝福された食事」の願いは、静けさや思索、共同体のちょっとした機会をもたらします。

私たちは一緒に座り、お腹いっぱいになるでしょう。
私たちはあなたに感謝します。神様、食事をありがとう。
私たちは食べ物がない人のために願います。

神様、私たちがあなたを忘れませんように！
私たちは一緒に座り、満足しています。
神様、私たちがただ食べるだけでなく、
私たちを楽しませ、勇気を与えてください！

神様、私たちがあなたを忘れないようにしてください。
（『神様、私はあなたと話すことができます』）

5　願いととりなし

願い（Bitten）と祈り（Beten）。二つの単語は語幹が共通しています。物乞いをする（Betteln）もそうです！

しばしば、キリスト教教育にまじめに取り組む親たちは、いかに自由な祈りが難しいかを嘆きます。もともと彼らは、子どもたちが自分の言葉でお祈りすることを望んでいます。しかし、その祈りから生まれてくるのは、すぐにかなうことを望む自分勝手な祈り、物欲的祈り、願い事ばかり並べた祈りです。私たちはどうすればいいのでしょうか。昔からの決まりきった祈りのフレーズに戻った方がいいのでしょうか。神の前に自分の希望について考えることと、無遠慮な要求との間のどこに境界が引かれるのでしょうか。

願い事ばかりの祈りは問題があります。それは、その昔、幼子キリストに宛てて、窓台の上に置いた手紙を思い出させます。そして、神の後ろに何か妖精のようなもの、魔法使い、あるいはお金持ちで何でも買ってくれるおじさんがいると連想させるような手紙です。そのおじさんは、少なくとも自転車、さらに「本物の馬」のような、より大きな望みをかなえる役割をします。同じように、休暇や子どもの誕生日においては、「お天気の神様」も重要な役割を果たしているようです。

「すぐに助けてくれる」神。すでに、ヨハンナ・シュピリの作中の人物ハイジは、フランクフルトの祖母のところで、祈ることを学び、一生懸命取り組みました。ハイジは、部屋に飛び込み、手を組み合わせ、故郷の牧場に帰ることが許されるという、切なる願いがすぐに満たされることを期待します。けれども、すぐに祈ることを止めます。

「無駄よ。愛する神様は、聴いてくださらなかった」。祈りがかなわないことは、神が聴いてくださらなかったことを意味します。「……愛する神様は、それをしてくださらなかった」。絶望したハイジが嘆きます。ですから――今日の子どもを見ても――とりわけ特別な願いの際、「あなたが望まれるようになさってください、神様、あなたは私のことをご存じなのですから。たぶん、それは、私がまだ全然知らないことかもしれませんが、私にとっていいことです」という祈りと響き合うことが望まれるのです。

すでに早い時期から、子どもたちにとっても祈りと行為との関係が問題となっています。神様に、自分の行いでもたらされることを願ってもいいのでしょうか。また、祈りが神に責任を押しつけることになったり、同時に最も安易な問題の解決になったりしていないでしょうか。この点について、ある短いお話が、子どもたちとの会話を刺激してくれるかもしれません。

神様にすべてをお願いしていいの？

「ダニエラ、宿題しなさい！」。母親が窓から顔を出し、中庭に向かって叫びました。ダニエラは、実際、宿題をやる気がありません。とっても面白い遊びを途中でやめることなどできません！　たった今、ギャング団のボスになったばかりなのですから。「私は今日、宿題なんてないわよ」と大声で答えました。でも、彼女は明日、書き取りのテストがあるのを忘れていたのです！

ベッドに入って、書き取りのことをまた思い出しました。けれども、難しい単語を学ぶには、もう遅すぎました。それに、今ではママは助けてくれないでしょう。ダニエラは不安になりました！

母親は、「おやすみ」を言いに来ました。彼女は、ダニエラと一緒に祈りました。ダニエラがひとりになったとき、考えが浮かびました。パパは、「神様になんでもお願いしていい」と言わなかったっけ？　ダニエラは、それを思い出してうれしくなりました。彼女は神に祈りました。「私が明日書き取りがうまくできるようにしてください」。彼女は、疲れて眠りに入るまで、このことを何度も願いました。

朝になると、再び不安になりました。ダニエラは自分が、「ihr（彼女の）」「hier（ここ）」「mir（私に）」「dir（あなたに）」「vier（4）」の綴りを全く学んでいなかったと感じました。いつも長い「i」――時々「h」がつき、「e」、「i」だけ、でも長く延ばす場合もあるなんて！「今、神様が本当にいらっしゃるかどうか、私、見てみたい！　きっとみんな、ただのうそっぱちかもしれない。だから、お祈りって意味ないのよ！」

ダニエラは、書き取りをしました。少し怖くなりました。

先生は、その日のうちに書き取りを訂正しました。「学ばずして、うまくはいきません！　この書き取りは、ご両親の署名をもらってきてね」。彼女は、五冊ほどのノートの山を手でトントンとたたきました。先生は、ダニエラを一瞥しました。ダニエラは自分がほとんどみんな間違って書いたことを知りました。

それについて、神様はどうしたのでしょう。夜、父親がかんばしくない成績に署名をした後、彼女に注意深く尋ねました。彼女は、彼にすべてを話しました。父は、しばらく考えて、答えました。「神様が私たちになさることは、それほど易しくはないのだよ。神様は、ダニエラが自分の頭や、手や、時間を――時には遊ぶ時間もね――勉強するのに使うことを望んでらっしゃるのだよ。パパは、信じてるよ。神様がダニエラをお助けになること、でも最後の瞬間に魔法のようにじゃなくて、神様は、ダニエラと一緒にいてくださる。お前も自分で努力しなければならないけどね」

ダニエラは黙りました。とうとうため息をついて、「じゃあ、私は結局勉強して、その上また、祈らなきゃならないの！　正直言って、ちょっと多すぎない！　それって大事なことなの？」

（『私の小さな祈りの本』）

この短い話のタイトルの問いだけが重要なのではありません。子どもの祈りの調査によると、児童らにとって、学校、とりわけ、書き取りや計算テストに対する不安は、大きな問題です。悪い成績に対する両親の否定的な反応もまた、祈りの中で言葉になって現れます。私にとって重要だと思われることは、そのような子どもたちの学校での成績を、夕べの会話の課題にして、その際、子どもたちが彼らの成績証明書によって神を批判し、あるいは操作しはじめないかどうか注意することです！　しかし、とりわけ、現代の子どもたちを苦しめている良い成績をとらねばならない圧力や競争を、タブー視してはなりません。神は、夕べの祈りの中にこの問題も含めることに、関心をもっておられます！

願い（Bitte）はとりなし（Fürbitte）となります。子どもの目は、他の人たち、生活を共にする人たち、外国人、あるいは難民、病人、老人、または見向きもされない人たちに向けられます。願い事ばかりの祈りの代わりのとりなしの祈りは、ただ望ましいだけではなく、自然でもあります。基本的に、子どもたちは、ひとりでに「社会的」関心をもつようになっています。彼らは他の人の不幸を見て、助けたいと思います。私たちは、この不幸について彼らと話し、会話の中で、その原因を突き止め、自分が何をすべきかを考えるでしょう。祈りは、ここでも行為や具体的な助けと関連してきます。とりわけ、祈りは「方向性をもつ祈り」でなければなりません。――決して現実に目を閉ざしてはならないのです。

子どもたちは、自分で物事をじっくり見て共感することで、活動的になることがあります。幼いカーリンがテレビを観て感じたお祈りがその例です。

「今晩、泣きたくなるようなテレビを観たの。二千人の難民がボート一つで海を渡って、さびしい島に連れて行かれて、そこで牢屋に入れられて……。そこに五年ぐらいいる女の子が言ったの。彼女の願いは、鳥のように自由になることだって。私は思ったわ。彼女の願いがすぐにかないますようにって。神様が、この人たちをみ手においてくださることに感謝します」

6　詩編によって祈る

詩編の中には、嘆き、うめき、叫び、そして激しい憤りが見られます。その強烈な表現は、心の奥にある苦しみを外に向けさせ、神の前にさらけ出し、さらに神を非難し感情を吐き出す場を作り出します。詩編を読み、共感するとき、私たちは、同時に難しさを感じます。そこでは、悪が非難され、報復が望まれています。祈る人が、自己正当化されているようにしばしば思われます。――もちろん、子どもと一緒に祈る場合、神の前に激しい感情をもっていることも、重要なのです。子どもの祈りは、子どもを手なずけたり義務的なものであってはならず、むしろ心の表現の場であってよいのです。子どもたちは――詩編の祈る人々と同じく――抑圧された苦しみや無力さの極みを知っています。たとえそのような感情が短い時間であったとしても。重病であったり、無力であったり、過剰な要求を課せられたり、あるいは親から見捨てられた子どもたちは、なおのこと苦しんでいます。彼らは無力さを感じています。そのような状況で、詩編の言葉は何に役立つのでしょうか。

感情を表現するように励ますこと以外に、とりわけ、私たち大人にもはっきりとしたイメージを与えるものは、例えばこう言えるでしょう。神は岩のようです。城塞のようです。その中で私は安住できます――まさにこのイメージを多くの詩は使用します（詩編18、46、91、144編）。私の子ども用の祈りの本『神様は風の中に住んでいるの？』には、そのような詩編の比喩が絵や子ども向けの文章で表現されています。

そこに大きく強固な砦があります。
岩の上に建てられて、

その壁は厚いのです。
私は大きな門を通って中に入ることができます。
不安なときも、ここでは、私は安心です。
また私は、騎士たちが太いやりを投げ、
オオカミやクマがきて、あるいは巨大なドラゴンがやってくる夢を見るときでも、
砦の中にいる私には何も起こりません。

神様、あなたは不安に対抗する砦のような方です。

（『神様は風の中に住んでいるの？』）

物語られたり、あるいは神との対話の中に聖書のイメージを取り入れたりするテキストへの子どもたちの反応は、驚くほど良好です。地元の言葉による祈りの中で、私がしばしば耳にするのですが、詩編の祈りは、特別に子どもたちや大人たちを魅了します。神は、ひなを守るツバメのようです（詩編84編）。大水が来て溺れそうになったときのように、私は怖くなり、不安を覚えます（詩編69編）。しかし、神は良い羊飼いでもあります（詩編23編）。私は、のどが渇いたシカのようです（詩編42編）。
しばしば子どもたちにとって特に助けとなるイメージとして、神の手、両手で支えてくれる神のイメー

ジがあります。ある九歳の子どもが祈りの中で、こう書いています。「愛する神様、ひとりにしないでください。ぼくはあなたの手の上にいたいのです。たくさんの他の人と一緒に。アーメン」。インゴ・バルダーマン（Ingo Balderman）〔一九二九年生まれ。ドイツの福音主義神学者〕は、著書『誰が私の嘆きを聞くのか——子どもたちは詩編の中に自らを発見する』で——とりわけ、学校の状況の中で—— 詩編が私たちに伝えている神や人間に対するイメージへの子どもたちの印象的な反応を描いています。

子どもたちと共に祈るのに適した詩編が数行にすぎないことも、しばしばあります。しかし、教育する者として、詩編を子どもの目から新たに読むことは、確かに価値があります。そして、それが祈りをとても豊かにする発見であることに気づくのです。子どもたちに、詩編の作者ダビデ、詩編の中で叫んでいるヨブ、バビロンの流れのほとりに座って嘆きながら歌うヘブライ人、世界に到来する救いについて賛美する乙女マリアについて語ることができればよいと思います。詩編を、それのもととなった聖書の場面の中に組み込むことで、祈りと聖書の物語は結びつきます。詩編を絵のように思い描きながら、子どもたちは、聖書の祈りになじんでいきます。

聖書が私たちに提供する様々なイメージの他に、詩編は、難しい説明よりもよりわかりやすい「世俗の」イメージを使用する気にさせます。イメージは、悩んでいるときや最も難しい問いを投げかけられる際に助けとなります。

イエス様、あなたは神から来ました

イエス様、あなたは神から来ました。
あなたは人となりました。
両手、両足をもった人です。
悲しみ、泣くことができる人です。
不安と悩みをもった人です。

イエス様、あなたは神から来ました。
あなたは私たち人間の心も知っています。
苦しみと痛みと一緒に。

イエス様、あなたは橋を造りました。
目に見えない石でできた橋です。
橋の上で泣くことはありません。
なぜなら、

橋の上の私たちは知っているからです。私たちはみな、あなたのもとに行くことを。
イエス様、あなたは神から来ました。
（『神様、私はあなたと話すことができます』）

第7章　主の祈り

　主の祈りは確かに大人向けの祈りです。多くの讃美歌と同じように、子どもがそれと共に成長し、しだいになじみ、少しずつ学んで理解できるものです。その際、子どもたちが質問することが望まれます。――そして、私たちも、自分自身にとって少しずつ意義深いものとなったことを子どもたちに伝えることも。次の考えは、大人たち自身が容易に理解するための何よりの助けになるでしょう。子どもたちはたいてい、一面だけを取り出して、主の祈りの中で語られる願いを一つ一つ徹底的に解釈しようとは思わないものだ、ということです。子ども向けにわざわざ無理して言い換える必要はありませんし、そのような言い換えは主の祈りを小さく小さく区切って読んでいくことで、自ずから生じるに違いありません。

　イエスの祈りのドイツ語訳は、一九六〇年代、プロテスタントとカトリックの間で統一され、今や、それを基礎にして、いたるところで実際に活字となりました。ただ、呼びかけに関しては、統一した形式は見つけられませんでした。ですから、「父よ、私たちの（Vater unser）」や「私たちの父よ（Unser Vater）」が同じように正しいものとして、並行して使用されても構わなかったのも、そうせざるを得なかったのもこのためです。

私たちの父よ

神は呼びかけられます。神は、近親者（naher Verwandter）として呼びかけられます。神は私たちの一員です。神のそばに私はいます。――そして私は神に対して「子ども」であってよいのです。私は、家族の中に入っていて、イエスが母語で多分「アッバ」、パパという、家族の中でつかわれる言葉をつかっただろうことを知っています。このアッバは、私の横に座り、私のそばにいます。「私たちの母よ」あるいは「母と同じように」と言うまでは、あとほんの少しです。クルト・マルティ（Kurt Marti）〔一九二一年、ベルン生まれ。スイスの聖職者、作家。スイス・シラー協会賞等多くの文学賞を受賞〕は、「主の祈り」を自由に訳して、「私たちの父よ／あなたは母です」と始めます。その母的なものはまさに、祈りの始めに置かれるべきです。過去に現れた三人の子どもたち――私たちは、彼らの神イメージを先に問いました〔第5章参照〕――の生も、私たちに母の意味がいかに際立っているかということを驚くべき仕方で示しています。パーシヴァルは父親なしに育ち、ゴットフリート・ケラーは父を早くに亡くしました。アウグスティヌスにとって、子どもであった彼に影響を与えていたのは、常に母モニカでした。

考慮に値するのは、父の呼びかけだけではありません。「私たちの父よ」であり、「私の父よ」ではない、という点も重要です。女性たちや母親たちが共にこの祈りに含められているだけでなく、全世界が「主の祈り」の中に共に入れられるべきなのです。私たちは、姉妹として祈り、祈りを分かち合い、いわば神を分かち合い——神を分かち合ったからといって、神が小さくなってしまうことはありません——、私たちの霊性を分かち合い、それを子どもたちとも分かち合います。あってならないのは、自分本位の敬虔さ、私たち自身の魂の救いを何よりも重要なものとする、ということです。他の人々がそこに一緒にいるのです。共同体や共同社会（communis は共同であることを意味します）、すなわち「私たち」における霊性が、孤独な「私」にとってよりも単純であることは、偶然ではありません。家族が最初の共同体であったのかもしれません！

天

「天にいます私たちの父よ（Unser Vater im Himmel）」。「イメージをすべて忘れよ」——このように讃美歌作家ゲルハルト・テルステーゲン（Gerhard Tersteegen）は詩の中で語っています。しかし、天はまさにイメージであり、とりわけ子どもにとってそうなのです。子どもたちは画用紙の上方に天を描いて言います。「ここに神様が住んでるの」。彼らは一つの場所に神をとどめたいのです。子どもたちは神をそこにとどめなければならないと思い込んでいます。神がそれを喜んでくれると想像するからです。とりわけ病気の子どもたちの絵画や言葉は、この点を明らかにします。ハインリッヒ・シュペーマン（Heinrich Spaemann）〔一九〇三―二〇〇一。ドイツの聖職者、作家〕は、彼の著書『子どもの教導（Orientierung am Kinde）』の中で、大人たちにとっても子どもの視線、つまり上に目を向けることがいかに重要かを指摘しています。彼が読者に思い起こさせることは、イエスもまた――ラザロの復活の場面のように――繰り返し天を仰いだことです（ヨハネによる福音書11章41節）。私たちが下で、神が上、地が下で、天が上、というイメージ。これは有益なもので、ゴットフリート・ケラーの『緑のハインリッヒ』に現れるあの塔の雄鶏〔主人公の少年が見た、高い教会の屋根の尖塔の風見鶏〕、あるいは虎〔主人公がもらった絵本の中にある、きれいに彩色された、うずくまっている虎〕のイメージよりも確かにバランスのとれたものです。しかし、依然としてこれはイメージのままであり、これは聖書自体によってさえ時代遅れとされました。神の国は私たちのもとにある、すでにここに、この地にある。神は世界の中で知られるのですから！　世界の中で神を経験できること。それは、全く本質的に私たちの宗教教育に、欠かせないものであるかもしれません。『緑のハインリッヒ』は遊び半分に、私たちにそれを本当だと思わせます。虎の中の神――ひょっとすると猫の中にもいます――しかし、「天にいます私たちの父」なのです。神はとても近く、同時にとても遠くにいる方なのです。

ですから、天は地の上にあることができます。――あるいは、地は天を指し示すのです。祈りは、ヤコブが夢で見た天のはしごと似るにせよ、でも少し違う、天と地の結びつきを表現するのです。

あなたの名前が聖とされますように

マルティン・ルターは、『小教理問答書』の中でこの願いについて語っています。「これはどういう意味ですか？　答え・言うまでもなく、神の名はそれ自身聖なるものです。しかし私たちは、この祈りを通して神が私たちのうちにも御名を聖なるものとしてくださるように祈るのです」

Heil（無傷）— heilen（癒す）— heilig（神聖な）— heiligen（崇める）——これらのドイツ語の単語は、すべて密接な関係にあります。heil machen（きちんとする）は、無傷に、あるいは完全にすることを意味します。子どもたちはみんな、「欠けたところがない、欠けたところがない恵み（heile, heile Segen）、三日間の雨……」という祈祷文をおそらく知っていることでしょう。子どもの世界が再び完全になり、秩序を取り戻すまで、この言葉は呪文のように用いられます。

heilfroh（完全なる喜び）は、ganz und gar froh（心底うれしい）を意味します。「すべての」や「完全な」を意味する英単語 whole（ドイツ語に訳せば ganz）の背後にある語根は、heilfroh と同じものです。このheilfroh には「完全になる（ganzwerden）」という意味があることを常に念頭に置くべきではないでしょうか。もっとも、ドイツ語では何世紀にもわたって、かつてラテン語 sanctus の訳語としての heilig が非常に特殊な意味を有していた、つまり ganz としての意味を有していたのですが。

Heil（無傷）— Heilig（神聖な）。これらは世界がよく、望ましい完全さにあることの表現であり、しかしまた、神の名を崇める際に現れる、人間と神の一致の表現でもあります。

Heil（無傷）―Heilig（神聖な）。これらは近年においては危険な、禁じられた概念でもあって、私たちは慎重に取り扱わねばなりません。これは重篤な結果を招いた「ヒットラー万歳《ハイル・ヒットラー》！」との結びつきにおいてのみそうだというわけではありません。プロテスタントのキリスト者が今日、地上世界と天上世界の模範的な一致、まさに完全な統一としての神聖な生を新たに発見する一方、カトリックのキリスト者にとって、事態は時に逆になるのです。彼らはしばしば聖女についての好ましくない思いを抱くことがあります。彼らは聖女らと共に育ったのですが、今や「消費されてしまった」ものとして彼女らを感じています。彼女らはじっと耐え忍びました。その苦痛や従属は順応のお手本として語られはしました――しかしこれは女性の生の全体あるいはその総体性とは全く別物なのです。

Heil（無傷）―Heilig（神聖な）。「Heile Welt（無傷な世界）」という概念は今日、禁じられています。完全であること、無傷であることは幻想でしかありません！　さもなくば、完全であること、無傷であることは牧歌的なものであり、これは危険にさらされていて、外部に対する守りになり得ないものなのです――ちょうどあの、森の中の静寂のようなもので、そこでヘルツェロイデは息子パーシヴァルを世の危険から、騎士から守ろうとしました。そのような無傷な世界は、しかし――当然のことながら――最初の重大な危険に際して突如として崩壊します。

もう一度、戻ります。Heil（無傷）―Heilig（神聖な）。幾分一面的にではあるでしょうが、私は完全で統一的であることという意味に固執したいのです。あのように幻想ではない完全で統一的であることを、全く無傷ではなく（unheilen）、それどころか救いがたい（heillosen）世界にあって束の間であっても入手するように励ましたいのです。神のもとにあって完全であること、無傷であること、これはおそらく束の間にのみ感じられるのでしょうが、しかし、非常に強烈であるので、この言葉の有する、最も重要なキリスト教的意味がぼんやりと感じられるのです。即ち、イエスは地上に世界の Heil として来たのだ、と。

これらすべてが共鳴するのは、私たちが「御名が崇められますように」と言う時です。あなたの御名が私たちの名前と一緒になって完全さを形成するのです。神が私たちを無傷とするのです。

御国が来ますように

王冠のない王と共にある神の国——子どもたちにとって、また私たち大人にとっても、それは実感として理解するのが難しいのです。それにもかかわらず、「子供たちをわたしのところに来させなさい。……神の国はこのような者たちのものである」（マルコによる福音書10章14節）。何らかの子どもらしさが、すでに地上にある神の国を見分けるために、また見つけるために必要だ、ということがあり得るのでしょうか。そうであれば、「御国が来ますように（Dein Reich komme）」という私の願いは、成功した生活への憧れのみならず、成功体験の思い出、あるいは完全かつ美しい世界についての感情をその内容としてすでに現世の中でもつことができるかもしれません。私たちが、自分の目や耳をそのために十分に開き、同時に私たちの記憶にある不品行と戦うならば、「地上にある神の国の瞬間」は突如、そこにあるのです。他の人との親しい出会いの中で、自然の中での鮮やかな体験において、音楽や絵画、あるいは詩のような芸術作品の完璧な美しさを突如感じる中に、それはあるのです。

神の国を思い起こさせる幸福な瞬間があります。子どもたちは、そのような瞬間を大人たちよりも頻繁に体験するように思えます。そのような瞬間が、繰り返し神の国の前触れとなることは、希望によって作られる生活の一部です。神の国のひとかけらは、地上にすでにあるのかもしれません。

御心が、天と同じく地でも行われますように

子どもたちが書いたたくさんの「お願いカード」――この中で、子どもたちはほとんどすべてのことを、つまり、コンピュータ・ゲームや自分の馬、誕生日が晴れますようにといったことまで、お祈りするのです――を読めば、子どもたちに念を押して言いたくなるのです。その子どもらしい願いや望みは重要だし、わかりやすいお願い事もそうだけれど、「御心が行われますように」という願いも大切なのだ、と。

私たちの個人的な欲求の前後にある神の御心を、私たちは究明することはできません。この願いが真剣に受け止められるのであれば、子どもたちに、そして大人たちにとって、それは、断念と充実を同時に意味します。断念という言葉は――常に――自分が望むことを自分で実現し、認め、促進することが重要なこととされている社会においては、確かに不人気な言葉です。「御心が行われますように」、あるいは「御

心です」が実際に言っていることは、私たちが望まず、理由を知らず、その説明を断念せざるを得ず、影響を与えることもできない事柄が生じる、ということです。にもかかわらず、神の存在に反することはない出来事なのです。

神の意志は、私自身が進もうとする方向や私の意志に対する逆風として、単純に受け取られませんが――そして受け取られるべきではありませんが――、しかし、私にとっては断念に際して助けとなり得るかもしれません。その断念とは、過剰な頑張りの断念、度を越した責任感の断念、手放すことができること、です。そして、子どもにとってもすでに断念があるのです。すなわち、神について、あるいは世界についてのあらゆる問いが答えられたり、あらゆるお願いがかなえられることの断念です。小さな子どもの「お祈りカード」は度を越したことが書かれているもので、お祈りをした子どもたちはがっかりしてしまうことになるのですが、それによって断念が始まっているのです。

逆に、私たちは、子どもたちや私たち自身を意志のない人間にしたくはないのです。しばしば私たちは、善いことのための意思が失われないように、さらにまた、断念への勇気を奮い起こすために、自分を励まさねばなりません。

日ごとの食物を与えてください

ここには、長い章を割り当てることもできるでしょう。「パン（Brot）」（日本語では「糧」）は、当然のことながら、食べるパン以上のもの、生命に不可欠なすべてのものを表す記号です。「私たちのパン」や「私たちに与えたまえ」と語られます。これは、決して利己的な祈願に成り下がってはならず、むしろ、そこにおいてはすべてが問題となる願いなのです。私は、ここで、ペスタロッチの言葉を利用することで、私たちのためのこの願いと関わりがどの方向に向かうことになり、その際に願いがすぐさまとりなしの願いとなるであろうことを暗示するにとどめたいと思います。

しかし、あなたが貧しい人を助けて、
人間のように生きられるようにしたとき、
あなたは彼に神を示しました。

私たちの負い目を赦してください、私たちも自分に負い目のある人を赦しましたように

ある著名な日刊紙の文芸欄には「時報」という欄があり、そこに「お手軽版神イメージ」と題された一文がありました。

「お手軽版」が、生活のあらゆる領域に浸透し始めたのですから、今や宗教も、自ら様々な重荷を背負うことになる諸要素から自由にされねばなりません。

負い目というカテゴリーは、そのような大胆な企てにとって妨げとなります。地上の人間は救いを必要としている、ということに代わって登場した自己実現という願いは、個人の幸福の可能性へと向きを定めるものであって、神の恵みに対する信頼に向かっているわけではないのです。

今日、罪に関して語ることは歓迎されるものではありませんが、しかし子どもたち、今日の子どもたちにとって、負い目という感情がいかに重要であるかは際立ったものです。ただし、常にこの言葉がそのために用いられはしません。『子どもたちが神様に期待すること』という子どもの祈りを集めた本には、「愛する神様、あなたは私が時折とても悪い子であることをご存じです」というような文章がしばしば見受けられます。注目に値するのは、子どもたちの「良い」子でありたいという欲求です。それは、一方では、子どもたちの承認要求を示し、他方、子どもたちのための倫理が今日広範に欠けているという事実を示しています。子どもたちは、そもそも何が「良い」ことなのかについて語り合うことを、徹頭徹尾望んでいます。権威的であることや道徳的であることを大いに懸念することから、私たちは子どもたちに正しい指針を与えることを躊躇します。私たちは、子どもたちにせいぜい「お手軽版」を与えるのですが、それには負い目、罪過、恩恵、赦しといった概念は全く登場しません。私たちが、このお手軽版によって負い目について語ることは、子どもたちにとって重いものとなるのです。なぜなら、私たちは人間存在に、少なくとも神の前での人間存在に深く関わることについて語ることを許さないからです。

子どもたちは、そのとき、自分自身で工夫した祈りの中で必死な試みをするのです。例えば次のように言います。「愛する神様、あなたは私を赦してくださいました」。彼らは、どうやら負い目や赦しのような概念を扱うことに慣れていないようなのです。

ここで私が語る負い目は——子どもたちを考慮すればなおのこと——原罪ではなく、全く「普通の」「小さな」負い目を感じることです。このような負い目を感じることを私たちは誰しも知っていますし、負い目を感じることに対して子どもたちが持っている感受性は優れたものです。負い目は、ささいな思いやりのなさにあることがあります——子どもたちが負い目を感じるのであれば、私たちは喜ぶべきでしょう！　そして、私たち自身が、大人として——多忙にあって、私たちの時間を、成果を出し義務を果たすことに躍起となって過ごす中で（このような時、私たちはそのような小さな負い目に注目するための時間もエネルギーもたいていの場合、無いものです）——負い目をまだ感じるのであれば喜ぶべきでしょう。

負い目。これはおそらくは使い古された、また危険で脅迫的な言葉であって、かつてはしばしば子どもたちをいくじなしにするために、ひどく誤って用いられた言葉です。負い目。しかし、これは、密かにぬぐい去られてはならない概念、思考の働きでもあります。負い目。これは、私たちが希望に満ちた人間となるために、私たちから取り上げられねばならない重荷なのです！

おそらく——これは、ただカトリックのみの問題ではなく——告解が、全く本質的にこの点に該当します。ベネディクト会修道女、シルヤ・ヴァルター（Silja Walter）〔一九一九—二〇一一。スイスの詩人、ベネディクト会の修道女、小説家）は、『霊的日記』（一九九九年）の中で、この問いを追究しています。すでに時代遅れとなった告解形式によらず、聖書のテキストをもとにして、自らの弱さや負い目を神、あるいは同胞の前で述べること。これは、すべての宗派や年齢の人間にとって一つの可能性ではないでしょうか。

今日の子どもたちもまた、彼らの負い目、あるいは全く単純に「悪い子だ」という感情を喜んで捨てたいと思うことを示しているのは、すでに言及した古い祈り、つまり「私を敬虔にしてください」や「私の心を清めてください」が依然として頻繁に用いられていることからわかります。

試みに遭わせないで、悪より救い出してください

「悪」という概念が、「私たちの父よ」とほとんど同じように子どもたちに襲いかかります。この概念は、ここで短く議論されるべきでしょう。

確かに、私たち人間が悪く、そしてひどいと感じるものには、苦しみ、病気、解決できない諸問題、不安が含まれます。それは一見、慈愛に満ちた神がいることに不利となる事柄、あるいは状態です。この状態が極まれば、神との関係において私たちを妨げるものとなります――そしてこの状態は、すべてのことが可能であらねばならない現代世界と折り合いがつくものではありません。しかし、子どもたちに対しては、議論で解決不可能な悪を手がかりに、一方でこの世の悪と戦うように励まし、他方で苦しみ、困窮、そして病気と共に「悪」が存在することを子どもたちに明らかにすることができるでしょう。その悪は、

人間という存在に属しており、私たちはその悪のことで神を非難することはできず、その悪を「考慮に入れて」、思考や生活の中に組み込まねばならないのです。イエスが人間となり死ぬことで、神は人間の苦しみの中に入り込み、イエスに神の威厳を与えられました。もはや「悪」はありません。

私たちは大人として、窮乏の時代、力から身を守る術を欠いた時代、病んでいる時代を、しばしば特別な意味で、神や自らの絶望について深く考える時代として感じています。基本的にこれは正しく、私たちが子どもであったときの困難な時代を思い起こせば、ある程度まで子どもたちにとってもそうなのです。例えば、病気のとき、また、見捨てられたと感じるとき、宗教的な問いが呼び起こされます。それは、健康なときには隠され、あるいはすぐに再び忘れ去られることになるかもしれないものです。私たちが「悪より救い出してください」と祈ることを学ぶことは、いざという時に大きな宝となり得ます。

おわりに

悪からの解放が、したがって神の助けが、祈りに際して重要なものであって、ただ霊的なものだけであるなら、つまり、それがただ精神においてのみ、あるいは私たちの主観的な判断の変化においてのみあるのなら、祈りは常に危険にさらされています。祈りは、現実に感じられる神の介入、すなわち人間によって実現可能なことすべてを越えた助けをも当てにするのでなくては、個人的な祈りとして、あるいは共同体の祈りとして祈られたとしても、空疎なものになります。そのような助けはどのように定義したらいいのでしょうか。

確かに、聖書の「主の祈り」には欠けていますが、祈りの最後に置かれている頌詞「なぜなら、あなたの御国、力、栄光は、永遠だからです」は、この問いに答える助けとなるでしょう。神の力や栄光は、私たちの世界を相対化します。しかし、激しいものである必要はないにせよ、常に強く愛に満ちた力が突然、介入することを示すのです。

私はこの力、この権力、あるいは栄光を奇跡と表現するでしょう。結局のところ、いかなる祈りも——私たちによっては成しとげられない——奇跡が起こり得る、ということにかかっているのではないでしょうか。私は、いかなる祈りも——また数ページにわたる説明の後でも——奇跡と秘密でありつづけているにちがいないことを表現するために、「主の祈り」に関する考えをヒルデ・ドミン（Hilde Domin）〔一九〇九—二〇〇六。ドイツの作家、叙情詩家として有名。リルケ賞等を受賞〕の小さな詩で閉じたいと思います。

飽くことなく

飽くことなく
奇跡に
そっと

鳥に対するように
手を差し伸べよ

第8章　創　造

1　すべてはどこから来るのか

「私は、天地の造り主である神を信じます」――このように使徒信条は始まります！　小さな子どもたちに神様について何を知っているかをたずねると、繰り返し様々な表現で、「神様がこの世界を造った！」と答えます。神が創造主であることは、私たちの信仰の中心であり、すべての子どもたちに当たり前のように伝えられる、宗教的なメッセージの一つであるように思われます。しかし今でも創造物語によって神が創造主であることを説明できるのでしょうか。時代と合わなくなっているのではないでしょうか。数十億年以上前のビッグ・バンについて話し、実際に最も古い時代にまでさかのぼった、宇宙の歴史を物理的に説明できる今日、なお、神様がこの世界を造ったと言い得るのでしょうか。神が創造主であるという「作り話」を捨ててはいけないのでしょうか。

天地創造物語は聖書の冒頭にあるにもかかわらず、旧約聖書の他の部分より後に成立しています。さらに、二つの異なる創造物語（創世記1章と2章）があります。二つの全く異なる形式で語られる一つの物語が、そもそも真実であり得るのでしょうか。私は子どものために書いた『聖書物語』（Mit Gott unterwegs）の中で、双方の創造物語を意識的に要約しました。単に物語るだけではなく、賞賛されている被造物の扱いを伝えるために、創造の詩編の一つ（詩編8編）を子ども向けに組み入れました。さらに、あまりに早い時期に創造主なる神の話をすることは、とりわけ子どもたちの抵抗を招きます。「神がそのようにお造りになった」という答えは、見えすいた言い訳としてあまりに頻繁に誤用されているのではないでしょうか。この答えは、大人と子どもとの純粋な対話を、しばしば妨げていないでしょうか。

小さな子どもたちに創造の物語全体を語り聞かせることが、必ずしも適切でないにもかかわらず、それでもやはり今日、創造について語ることができます。ですからここで私は、いかに創造について可能な限り面白く、時代に合うように語るかという処方箋を出すつもりはありません。他ならぬ小さな子どもたちは、この世界の始まりについて、特に対話の中で話題にします。いかなる子どもたちも、しばしば突飛な状況で、どこからすべてが来るのか、という質問をします。それに対して、私たちは大人として答えねばなりません。しかし、神がおとぎ話に出てくる姿と同一視され、子どもたちが神を他の生き物とは違う上級の魔法使いだと感じさせるような答えをしてはならないのです。何よりも子どもたちは、この創造についての質問が親たちにとっても重要であることに気づかなくてはなりません。そして、親たちは、なんとか創造物語を維持しようと努力し、やっかいな質問に答えるために、安易に信心深いおとぎ話を用いないようにするのです。

事実に即して説明できることは、そのように説明すべきでしょう！——例えば雨が降り、この不快な自然現象の原因を子どもが質問したら、「神様が降らせたの」と答えるのは単純すぎるでしょう。また、植物にも「水を飲ませる必要がある」ことを示しても、子どもにとって、「なぜ今必要なの？」という問いには答えられないままでしょう。そのような質問の際、比較的小さい子どもたちに対して、空気中の湿度、雨のしずくの発生、風や天気の法則に関する知識について語ることを避けては通れません。——とにかく、すでに早い時期から自然科学的な方法で説明を与えることが不可欠です。その際、私たちは自らの記憶から学校で得た生半可な知識を記憶の中から苦労して取り出さねばならないにせよ。また、太陽、雨、風、天気が神の創造の業であっても、それらは神なしで説明できるその独自の法則性を持っています。子どもたちが複雑な法則性を理解できなくても、私には、初歩的で子ども向けであっても事実に即して説明することは正しいと思われます。例として、次のようなものがあります。「雲は雨のしずくで、もうそれ以上持ちこたえられないほど重くなっています」。そのような答えは、後で学ぶ科学的な説明の邪魔にはなりません。そして、予測のつかない魔法使いのイメージを神から退けます。そのような答えは神が創造主であるという説明と対立してはいないのです！

創造主としての神は、自然の背後にいて、多くの子どもたちにとって最も重要な祈りを聴いてくださる方です。祈りの中で神が〝造り手〟として呼びかけられるとき、その背後には時代を遡《さかのぼ》った神の創造の業のイメージがあります。よく似た不思議な表現として、「生み出された（geschaffen）」、「作り上げる（erschaffen）」、「手に入れられた（angeschaffen）」があります（レギーネ・シントラー著『子どもらが神に期待していること』［Was Kinder von Gott erwarten］参照）。「創造する（schöpfen）」という言葉の不確かさは、それが神に関する言及であり、しばしば形式的にとどまって、日常的な会話や子どもたちの経験の中には根を下ろしていないことを示しています。

「造る（machen）」という言葉は――たいていは、「神がお造りになった」という文章で用いられますが――「創造する（schöpfen）」という動詞よりはるかに頻繁に子どもたちの祈りの中でつかわれることは、驚くことではありません。「造る」は、神の最も重要な働きです。神が造ること、神が造ったこと、いつも新しく造ることは、神と天地創造とを結びつけます。「あなたは全世界を造り出されました」。子どもたちは願います――そして、「雨をずーっと降らせないで」と。子どもたちはたいていは、神の将来的な創造を「～させて（lass）」によって表現します。「愛する神様、お天気にさせてください」と。子どもたちの想像において、はるか昔の世界の創造に関してだけでなく、今日もそして未来もその本質において働く「創造する神（Macher-Gott）」は、この「～させる」に再び隠れているのです。神をすべての時の始まりのどこかに締め出してしまわない、そのような話し方は、私には正しいと思われます。他方、創造する神（Macher-Gott）という決まり文句は、自身を危険に陥らせます。つまり、神は再び魔法使いになるのです。魔法使いは、実現不可能なこと、説明できないことをきちんと実現し、「監視」します。それによって、抗いがたく危険な存在になり得るのです。

2　創造物語と現代の世界像

古代オリエントの他の創造物語を見ると、世界の創造についての聖書の説明との相違が明らかにされます。オリエントの物語では、時間の最初に神々の闘いがあります。このような神々は、その後の創造の一部分でもあります。水、大地、空気が人格化されます。太陽、月そして星たちは、神として崇拝されます。反対に旧約聖書では、太陽と月は、「光るもの（Lampe）」という面白みのない名で描写されます（創世記1章14―16節）。それらは、天地創造の一部分です。同様に、天もまた被造物です。神ご自身の他のすべては、創造された世界です。人間がそれを神格化してはならず、偶像化して崇拝してはならず、むしろ物理的に考察し、調査することが許されています。それゆえ、聖書は、天の構造やあらゆる生命の起源の探求を促し、自然科学の認識に邪魔にはならないのです。

今日、私たちは世界の成り立ちに関して、二千五百年あるいは三千年前の旧約聖書の語り手よりも、確実に多くを知っています。しかし、聖書が私たちに教えようとするこの世界に対する考え方は、今日なお現代的なのです。私たちは、全世界を被造物と見なすべきで、神のように崇められるべきでもなく、搾取すべきでもありません。いかなるものも、偶像の対象とすることなく、私たちは、全世界に対する責任に気づくべきなのです。

3　神の恵み

創造物語の中に、私たちは、そして子どもたちも、「神様って誰？」「神様はどんな姿をしているの？」という問いに対するいかなる答えも見出せません。創造物語は、神の特徴、あるいは居場所についてではなく、神の働きについてだけを語っているのです。しかし、神の働きと御言葉は一体です。神が、何かが生まれよ、と言うことによって、それが生まれます。このテキストで、子どもたちに示さねばならないことは、「神は誰か」あるいは「神はどこに住んでいるか」という問いではなく――それに答えることもできませんが――「神が何をするのか」という問いと比べれば、重要ではないということです。

神様は創造物語の中で、「造る」あるいは「創造する」こと以外の何をするのでしょうか。神は「恵みを与えます」。まず、最初の生き物である、最も単純な動物たち、そして人間に。恵みを与える際、神は、「産めよ、増えよ！」と言います。同時に、生き物にその力が満ちあふれます。また、恵みは、後の他の聖書物語の中でも語られます。恵みは、神の保証を意味します。神様が最初に創造した人間だけにとどまらず、後から増えた者たちをも心にかけてくださるという保証を意味します。神の力、神の恵みは、直接神様によって創造されなかった、自然の繁殖を通して生まれた人間にも当てはまります。この恵みは、生れた時から死にいたるまで有効です。この恵みについて、子どもたちと話すことができます。人間に関する自然科学的に説明可能な人類の発生について教えるときにも。両者は一体なのです。

4　人間の特別な位置と言葉

創造されたものの中で、人間は全く特別な位置を占めています。人間は根本的に全く新しいものです。人間は、「神にかたどって創造され」、地を従わせました（創世記1章28節）。人間は、地を支配でき、それを享受し、用い、さらに発展させます。人間は、地を丁寧に扱うべきであり、大いに責任を負っています。この並外れた特権的な地位は、詩編8編の創造の詩編にとりわけ美しく表現されており、少し大きな子どもたちに読んで聞かせるのに適した詩編です。人間が「神の似姿として」創造されたというのは、やっかいな表現です。人間に似ていて、ただずっと大きく、強く、そして目に見えない、スーパーマンか何かのように神を想像するような説明を、子どもたちに対してしないことが重要です。そのような神理解は、当然小さな子どもたちの意に沿い、神の力と栄光を飾り立てることになります。神の似姿という概念を、あまりに早くから子どもたちに語らないことが賢明です。

では、この人間が神に似た存在であるとはどのような意味をもつのでしょうか。世界が人間に「従属している」というのは確かな事実です。人間には、他の生き物全体を支配する能力があり、同時にそれらの世話をし、それらを神の被造物として認識する義務があります。それらの被造物には、健康に生活する独自の権利があります。ですから、神の似姿としての人間の性質が、傲慢、あるいはエゴイズムになってしまってはなりません。そうなると、環境保護は、人間自身の利益のためだけになされるようになるでしょう。神によって創造された動物や植物の保護と養育は、私たちがそれらの有用性を直接理解できないところでも重要です。人間が神の似姿の性格をもっているからといって、動物たちと神との直接的な関係が欠けていると見なす結果を招いてもいけません。彼らの知性、言葉、感情は、人間には理解が困難です。しかし、それは神による創造物の一部分であり、人間にとっては説明できない奇跡の一つなのです。

私たちの庭に、不愉快な虫たちが踊っています。私たちが根絶したいと思う害虫がいます。しかし、それらはすべて神の創造されたもので、秘密に満ちたネットに包まれていて、私たち人間には、この織り込まれた作品を説明することができません。私たちのおそらく誰もが、ヴィルヘルム・ヘイ（Wilhelm Hey）〔一七八九―一八五四。ドイツの詩人、聖職者〕の歌、「どれほど星があるのか、知ってる？」をよく知っています。この歌の第二節はこう歌っています。「主なる神が、それらの名を呼んだ。すべての命が生まれ、喜ばしくあるように」。神ご自身によって、ここで名が呼ばれているのは、「動物たち」です。詩編の一節でも、そのように謳《うた》われており、創造物語と並んで、人間が動物に名前を与える箇所に、彼ら独自の権利があるのです。

人間の場合はどうでしょうか。「（神は、）神に僅かに劣るものとして人を造り」。そのように詩編〔8編6節〕では謳われています。人間は神とより特別な仕方で適応する生き物であり、考え、話し、聞くことのできる生き物です。言語や知性をもって、神とつながる能力があります。人間はまた、仲間同士で話すことができます。

まさに言葉こそ、早い時期から子どもたちとの心躍る話に私たちを導くことのできるものなのです。「誰が動物たちに名前をつけたの？」、あるいは「神様は、どうやって、私たちを話せるようにしたの？」という問いは、全く突然に出てきます。私たちは、そのような質問に言葉通りに答えることはできませんが、神の言葉と人間がつながっているということについて話すことができます。神の姿、あるいは住まいについて具体的に言わなくとも、大事なことは、神の似姿性（Gottebenbildlichkeit）です。もし私たちがその際に様々な言葉の存在や小さい子どもたちの言語習得等について語る場合、そのような会話自体は、神について何も教えてくれません。しかし、子どもたちには、言葉がどれだけ重要であり、人間にとって特有であるか、人間が他の生き物と比べてどれほどよく備えられた存在なのかを感じさせます！　――私たちは子どもたちに、まさにその言葉を通して、神をほめたたえ、神に願うことができると語れるのです。神は私たちのことをお聞きになられます！　言葉の存在は、祈りや、神や世界についての熟考、神との対話、そして、神との出会いを可能にするのです。

もし、ある子どもが自らを被造物の中で全く特別な何かであると経験するなら、同時に、他のどの子どももこの特別な立場を主張できるということを知ります。いかなる子どもも、神の姿に沿って創造されました。どの子も、自身を発展させたいという欲求をもっています。人間は最初から個別の存在として造られたのではなく、他の人間と共にある存在なのです。繁殖のためだけでなく、むしろ誰かの友としての存在なのです。相手抜きで言葉はどのように可能なのでしょうか。

5　創造の体験

私たちが子どもに「創造」について語る場合、天地創造物語は難しいものです。それに対して、子どもたちから、創造と関連して――ここで創造されたすべてのものを想定します――話を神のことへ向けていくことが求められます。神は、教会や夕べの祈り、聖書物語の問題であるだけでなく、私たちの生活の中すべてに現存しています。神は、単なる創造の神ではありません。神は、果てしなく遠い過去に一度だけすべてを完全にお造りになり、今それをそれ自体に任せています。神は常にそこにいて働く神です。神は新約聖書の個々の歴史の中でとりわけはっきりした形で働きます。子どもたちに身近な特別な体験は、適切なコンテキストにおいて子どもを神に導くことができるのです。

小さな子どもたちは、創造物や、それを取り囲む自然を徐々に観察することを学びます。都市やテレビやビデオの世界の中ではそれは当然可能なことではありません。部分的には、そのような自然観察を、とりわけ美しい図鑑を通して習得することはできます。一番良いのは、子どもたちに被造物それ自身を体験させることです。森に遠足に行き、様々な葉っぱや実を集めること、動物たちを観察することは決して退屈ではないでしょう。さらに、自然の構成要素を観察することもいいでしょう。水は、蒸発し、浸み込み、したたり落ちます。光は、温め、目をくらませ、それがないと不安になります（目隠しをして遊んでごらんなさい！）。火は、料理や暖房の際、私たちの助けとなりますが、また、危険な要素でもあります。成長と繁栄、すべての変化は自然の中にあります。朝や晩はどのように生じるのか。どのように植物は成長するのか。種をまき、観察し、そして地面に植えたものの世話をすることは、このような現象と結びついています。また、蝶々が卵や幼虫から成長する様を、上質な図鑑で見せることができます。

子どもは多くのことを得心します。多くのことにただ驚いて目を見張り、文字通りの意味での賛美しかできません。この世界は奇跡となり、奇跡のままであることは、そのために神を単なる説明として利用することなく、すべての奇跡は神と関わりがあり、それについて神に感謝できることを示します。感謝の歌、あるいはまた単純な祈りによって、表現されます。子どもは被造物が神から生じること、神が自然科学的説明の代用品ではないことを知るのです。

私たちの助けになるのは、子どもの好奇心、絶え間ない問い、例えば、テーブルの上の食料品に関してじっくり考えることなどです。私はここで、当時五歳の息子が、ハチミツについて連鎖的に問うたことを考えます。彼の質問は、蜂から蜂の巣へ移り、蜂の「言葉」や養蜂家へ行き、そこで突如、愛する神にたどり着きました。神は、最初に蜂を、そして養蜂家を巧みに創造してくださったのです。

もちろん、多くの子どもたちと動物との全く特別な関係も、たいへん役立ちます。そこでは、子どもたちは飼育し世話をしたいという欲求を表し、また、深い愛情を示そうとします。柔らかく、温かく、反応したり、なめたり、ゴロゴロと喉を鳴らす動物との出会いの中で、子どもたちは、いかに自然が喜ばしいものかを体験します。神は私たちの犬の名前もご存じで、あるいは、猫の天国があるかどうかといった疑問は、まさに子どもたちにとって、ペットがほぼ人間の尊厳に近いものをもっていて、神が造られたものの中で特別な地位を占めていることを示しています。動物たちは、子どもたちとの会話や祈りの中で、いつも重要な役割を果たしています。このように特別なやり方で、動物に対する責任に関して人間の被造物への配慮について全く一般的に語ることもできるのです。

6　環境に対する責任

今日、子どもたちの環境意識は、たいへん特徴的です。子どもたちは深刻な不安や無力感を覚える一方、他方で（大人たちと同様に）人間についてたいへん単純化した判断をする傾向があります。また、「工場を破壊してください」というような、非現実的な要求を神にします。子どもたちによって引用されるキーワード「配慮してくださる（Sorgetragen）」――それは子どもたちが神に期待すること――あるいは「私は環境に配慮しています」という心地よい表明は、むしろそのような望みとして、歓迎されます。ここで、被造物である子どもは、自分の造り主に対して、もはや疎遠でも、疑問に思って接するのでもなく、むしろ自分を神の世界の一部分と感じています。その世界は、同時に私たちの「環境」でもあります。

しかし、非常に早い時期から子どもたちは、私たちの世界や自然の地球規模の脅威について聞かされています。根絶不可能な際限のない大量のごみの問題、それに、地球全体を取り巻く大気の変動、正真正銘、命の危険に関わるものです。すべての子どもたちがさらされる交通事故の脅威、動植物の種の絶滅、高速モーターボートから打ち寄せる波によって、湖の岸辺の葦が死滅すること。数え上げればきりがありません。そのような脅威、あるいは問題が、宗教的な問題なのだということは明らかです。神が造られたものが脅威にさらされています。自然の乱用に抵抗するという考えや力を育て上げるために、どんな子どもも敏感にならざるを得ません。

これに関連して、常に本質に迫った論議が生まれます。きっかけは、「悪意のない」歯磨きに使う水でしょう。水の浄化の背後に何があるのか、他の地域で、水不足の下、人間はどれほど苦しむのか！　しばしばなされる「車なしの日曜日」についての討議は、多くの子どもたちの中に熱い興奮を呼び起こします。排気ガスなし、騒音なし、危険のない交通、なんと素晴らしい！　しかし、私たちがそのような対話を続けると、小さな子どもたちは突然気づいてしまいます。車を放棄するということは、日曜日ごとの祖父母の訪問ができなくなる、ということを。また、子どもたちが「壊される」ことを望んでいる、脅威となる工場に目を向けると、矛盾と葛藤に気づかされます。不快な工場の壁の背後では、物が作られています。それは私たちになくてはならないもの、あるいは生活を快適にするものです。日常に密着した要求や環境に対する配慮は、子どもたちの様々な思考レベルにあります。ですから、また「私は環境のことを考えています」という宣言は、その背後を探らなければならないのです。当たり前の生活習慣、さらに親の贅沢な要求、そして子どもたちの贅沢な要求が問題とされ、その要求を放棄することはたいていの場合、容易なことではありません。

7 神の神秘

私たちは、創造物語が、人生や他の世界をよりよく理解する助けとなる、と考えています。創造物語は、世界がどのように生まれたのか、また、神がどのように世界を成立させたかを正確に語ってはくれません。創造物語は、神があらゆるものの最初にあり、神があらゆるものと関係していることを示します。創造物語は私たちに神の偉大な業について少しばかり語り、創造物語は確かに生活に近いものですが——この観点では——不完全です。イスラエル民族の歴史における神の働き、さらにイエスにおける神の御業によって、私たちはこの神についてより深く知ることができます。ですから、子どもにとても早い時期に、創造主についての話題を補完するものとして、他の聖書の話をすることは重要です。おそらく、憐れみ深いサマリア人、あるいは徴税人ザアカイの話などです。小さい子どもたちには、たくさんの話は要りません。多すぎるのは混乱のもとです。

子どもにとって――そして私たち自身にとっても――創造物語の神についての質問に対して、適当で断片的な答えを受けることにはしばしば落胆を覚えます。私たちは閉じた門の前にとどまっています。その奥は神秘です。聖書の他の部分で、神の働きについて新しいことを知る場合もまた、この神秘があります。この神秘を子どもたちにとっても神秘にとどめることが私たちの義務です。私たちは、その本質を見抜くことはできませんが、この神秘を信じ、崇めることはできるのです。

第9章　苦しみについて

私たちは、おそらく一人の例外なく、理想的でただ楽しいだけの子ども時代などないことを自らの経験から知っています。子どもたちは、子どもというものがしばしば喜びや悩みがないものの代名詞のように扱われていても、苦しみから自由なのではありません。存在している限り、苦しみとの付き合いは最初から始まっています。私たちは大人として、そのことをほとんど毎日経験していますが、それを子どもの頃にも経験してきたのです。しかし、しばしば大人は、遠く過ぎ去った子どもの苦しみを忘れています。楽しい子ども時代の思い出が、煩わしい思いをなかったことにするからです。そして、私たちが生きるのが何でもできるように思える時代であることが、苦しみとそぐわないのです。それは、「苦しむことができない」という、現代の一つの病気である、と有名な精神病理学者のリヒター（H. E. Richter）が著書で述べています。

しかし、一人ひとりの子どもたちに関して言えば、自身を思い返すことには意味があります。私たちの記憶から、また、子どもの心理学の知識から、子どもたちの悩みを知り、真剣に取り組むことを学ぶことができます。しかし、悩みを完全になくすとか、なかったことにすることを学ぶことはできません。確かに、喜びと悩みの危ういバランスを頭の中で常に新たに確立するために、子どもには助けが必要です。その際、子どもの苦しみから目をそらしてはなりません。苦しみというものは、他の人が何かをする際に妨げになったり怒らせるからといって、恥じて隠しておくような類のものではありません。苦しみは、乗り切られ、消化され、話し合われねばなりません。それによって、さらに改善に進むのです。高い防護壁を築いたり、極端に配慮することによって、子どもに、痛みの経験をいつも免れさせようとするだけでは、本当の助けにはなりません。

子どもにとって、母親が最も近い関係者になることが多く、いずれ起こる彼女不在の事態の際に、子どもは生まれて初めてのひとりぼっちの不安に陥ります。同様に、母親あるいは父親は、子どもの無邪気な嫉妬心に対して、同情を示すものです。彼らは、限りない愛をもってそばにいることができ、その際、兄弟、仕事、その他の義務を優先することもなく、そして子どもの欲求をただ満足させるのではない形で、苦しみを取りのけることができます。それゆえに、苦しみは、とりわけ母親と子どもを原初的な仕方で結びつけます。その際、苦しみは、単純に我慢すべき人生の消極的側面ではなく、むしろ、人生の必然的な、最も深い宗教的経験なのです。苦しみや絶望の体験は、人間の根本的な依存性を示唆しており、神との関係の一つの重要な前提です。なぜ苦しむのかということに対して、十分な答えはありません。——聖書にあるヨブの物語においてもそうです。神は、ヨブが理由を問うても、いかなる答えも与えませんでした。神は、予想もつかない仕方で答えます。——神は創造の歌を歌うのです。

とうとうヨブは神の声をきくことができた。神は、嵐の中からヨブに答えを与えたのだった。しかし、神は「なぜなら」というふうにこたえなかった。

病気のことにも、貧困のことにも、苦しみのことにも、少しもふれなかった。そのかわりにご自分の歌を、そして天地創造の歌を神は歌ったのだ。光と闇、山々と谷、太陽と水をつくった、ご自分のことを歌ったのだ。

ヨブは口を閉ざし、「どうして?」とたずねることをやめた。

ヨブはいった。

「あなたはわたしとともにおられた。昔、わたしは人びとがあなたについて語るのをきいた。しかし今、わたしはあなたご自身の声をきき、自分の目であなたを見た。わたしの神さま、あなたはそこにおられる。そのことだけでわたしには十分だ」

(『神様と共に歩む旅』〔邦訳『聖書物語』下田尾治郎訳、福音館書店〕)

1　子どもの苦しみについて

自分が根本的に受容され、護られているという感情は、母子関係の特別な仕方で身をもって感じられ、学ばれます。ここで、子どもは基本的な信頼を獲得します。それは、大きくなってからの神との関係にも転用できるものです。子どもが離乳すると、しばしば最初のひとりぼっちの経験をします。その子は、その時まで、心身共に完全に母親と一つであり、栄養の摂取と結びついた快感がなくなることを経験します。その子は初めて、「苦しみ」ます。もし、説明されても理解できるだけの言語能力がまだ十分にない状態で、その子がこの母子関係を信頼し、いつも母親のそばにいられるわけではないことを素直に受け入れて、その子の視野から母親が消え去っても抵抗しないとすれば、その子は最初の社会的成長を十分に成し遂げたと言えます。諦めを覚えるという、れっきとした成長です。極端に厳格な養育計画を順守することによって前のめりのしつけをすることや、いやいやながらの我慢を強いることは、もはや、なされるべきではないと言われています。しかし、ルールがないという不安から子どもを守り、我慢することと勧められてやることが、徐々に子どもの生活の中に持ち込まれるようになることでしょう。子どもは、より広く根本的に受容されているという枠組みの中で、自ら境界線を設定するようになるのです。

子どもは、保護者から離れることで苦しみを覚えます。子どもは独自に、別離への不安を発展させるかもしれません。しかし、その一方で、子どもは独自の人格となるために離れることを必要としてもいます。反抗期の子どもは、命じられ、求められたことをすべて拒否することで、はっきりした自分の意志によって独自性をあらわにします。しかし、同時に、きかん坊期の子どもの不幸というものもあります。完全に安心し、依存的であることを望むのは子どもの本質の一部だからです。子どもはこの段階で、自分自身の振る舞いのあり方に「苦しみ」を覚えます。しかし、自分の意志と依存性の間を行ったり来たりすることを通して、その子は、成長のためにこの苦しみを必要とします。この時期の親の振る舞いのあり方は、簡単ではありません。厳格に原則を守ることは、常に欲求を満足させることと同様に間違いです。ファンタジーや気分転換が、袋小路から抜け出すことを助けることもあるでしょう。

反抗とほぼ同時に発現する子どもの不安の中に、暗闇への不安があります。そのことについては、語ることによって和らげることができます。それは、自分の感情にとって直接の意味をもつ苦しみとは言えない、原不安です。それは、全く突然に発現することもあれば、同じ兄弟姉妹でも全く経験しないままということもあります。小さなランプを子ども部屋にともすことによって、そのような不安を退けることができるかもしれません。子どもたちのそのような不安を、成長を促すためと称して肝試しに用いるのは、意味がないように思われます。

反対に、保育所や幼稚園、あるいは学校に行くときの多くの子どもたちにとってのつらい緊張感は、免れさせてやることができません。同時に、家から離れる際に、一つの集団の中へ組み込むということは、役に立つはずです。一般的に、子どもは遊び仲間に強い憧れをもつので、集団というものがチャレンジになります。つまり、ある子どもは、自分が進んでやってみたいことを我慢しなければなりません。他の子は、恥ずかしくて母親のそばから離れないのではなく、もっと大きな友だちの輪の中で自分を表現することを学ばねばなりません。しかし、そのような苦しみはしばしば、共同生活の喜びによって瞬く間に取り除かれます。

すでに触れた子どもたちの嫉妬ゆえの苦しみは、子どもが複数いる家族の中では、看過できません。両親の愛を分かち合うことは——学校の中では、それは教師の愛を意味します！——常に新たに訓練されねばなりません。

今日、より成長した子どもたちは、学校で全く異なる仕方で苦しんでいます。良い成績をとらねばならないという心理的圧迫、評価への不安、学業への憤懣や遊ぶ時間の欠如は、彼らを不幸にします。成長すればするほど、学校に関わる苦しみは増します。それは、将来や後の職業のこと、社会で果たす役割についての心配とつながっていて、これらの心配は成長しているすべての子どもにとって、（大人の私たちにとってはなおのこと）無視できません。もしかすると、子どもたちは、周りにいる大人に対する不満や不安定さの下で苦しんでいるのかもしれませんし、あるいは、性に関するあらゆる問いがもたらす脅威や誘惑に苦しんでいるのかもしれません。

これらすべては、あたかも子どもの生活というものが、ひたすら苦難の物語であるかのように聞こえます。むろん、そうではありません。子どもたちは、無制限に喜び、非常に興奮し、我を忘れて遊び、愛をもって没頭する、そのようなことを大人の節度をはるかに超えて行う能力をもっています。しかし、このために、私たちが他の面、つまり、苦しみの側面を脇に置く言い訳にしてはならないのです。

もし、子どもが後に大人として苦しみの経験に抵抗する力をもち、忍耐できるようになるべきだとするなら、訓練を積み、人生の中でできないことは何かについてはっきり知り、その限界を信頼する必要があります。困難な状況のときに、子どもたちを悲しむ人、黙する人、熟考する人にすることが、そのような「訓練」に属します。その際、「私は悲しい」、「私はもう耐えられない」、「それは、だめだ」、または、「それは変えられねばならない」というふうに、悲嘆に暮れることなく苦しみに対する言葉を与えることができます。苦しい経験を子どもたちと一緒に語るために、時間以外にも適切な雰囲気というものが必要となります。

また、他者の苦しみや他の生き物の苦しみに気づくことに敏感であることも関係します。ここで私は、いわゆる「第三世界」の子どもたち、施設の子どもたち、社会的に不利な立場に置かれている子どもたち、病気の子どもたち、戦時下の国にいる子どもたちが体験する苦しみがどれほど深いかを考えます。その際、私たちの子どもたちには、とりわけ他のそのような子どもたちへの「同情」が促されるのではなく、むしろ可能な範囲で援助する行動へと促されるべきです。ブルジョア社会の中で十分に保護されている子どもたちが、偏見なく他の人の苦しみを理解するためには、自分をあわれに思わないことを繰り返し学ばねばなりません。おそらく、その際子どもたちは突如として発見するでしょう。彼ら自身が他の人に苦しみを与えていることを、あるいは彼らが自分のエゴイズムによって他の人を傷つけてしまっていることを。

2　時間のはかなさによる苦しみ

私たち大人にとって、また、成長しつつある子どもたちにとっても、人間の根本的な苦しみは、時間のはかなさに原因があります。生命が持っているのは明確な一回性です。それはかけがえのない、二度と取り返せないものです。生命には限りがあるので、死が――しばしば恐るべき終わりとして――私たちの前に立ちはだかります。私たちの時間は限られています。根本的に死によって限定されていますが、常にまた（細かく）日々の歩みによって新しく区切られています。そのため時間の歩みは、しばしばたいへん苦痛に感じられます。やりたいことすべてに対して、時間は決して十分ではありません。このことは、まさに若者たちが感じることです。彼らは、様々な方向を――学業だけではなく――試してみたいと願い、それにはほとんど無制限の時間を必要とします。反対に、老人たちや孤独な者にとって、あまりに「ゆっくりな」時間の流れは、苦痛にもなり得ます。彼らの時間は、満たされません。不眠症の人にとって、夜中の時を告げる鐘の音は、ゆっくりとした時のさらなる叫びを具体化するものであり、責め苦です。病人にとっては、死がこの世のすべての苦しみの最後のものとして、もしかしたら切望されているかもしれません。しかし、死に対しては、なお不安が残ります。死への不安について人が話題にすることは稀で、人間の根源的苦しみについて話題にすることは全くありません。

いずれにしても、人間が時間との関係に片をつけることは、困難です。人間は、基本的に時間のはかなさを肯定することを望みません。

3　聖書に登場する苦しむ人間たち

私たちは、聖書のほとんどいたるところで、また子どもの時に聞いたであろう物語の中で、苦しんでいる、救済を必要とする人に出会います。聖書に登場する多くの人々は、窮地において約束を与えられますが、それは長い間実現されませんでした。そして、長期間にわたって待たされ、選ばれた人たちはほとんど耐えきれないほど苦しい期間を求められるのです。私は、子のないサラ、あるいはモーセ、そして四十年間荒れ野をさまよったイスラエルの民のことを考えます。人間は、見知らぬものへの不安に繰り返し片をつけねばなりません——それは、子どもたちにとって追体験できるものです。しばしばそのような苦しみの中に、天使や夢が登場します。ほとんど不可能と思えるような約束の実現を、私たちは忍耐をもって待ちます。聖書に基づいて物語ることには、伝播する力があります。

「詩編」の中に、苦しみの、とりわけ強い表現が見られます。詩編は、言葉によって苦しみを理解しやすくしてくれます。その苦しみを神の前に持ち出して、訴えることを手助けしてくれます。そして、それは、繰り返し私たちが用いることのできる、素晴らしい内面的そして外面的なイメージなのです。それゆえ、子どもたちにとって一つ一つの詩編を実り豊かにすることが可能です。つまり、それぞれの詩編の中のイメージや状況を子どもに理解できる言葉で紡ぎ出し、優しい祈りを作り出します。

鹿が水を求めるように

鹿が水場を求める。
彼の渇きは大きい。彼はどんどん歩く。
彼は新鮮な泉を求める。
陽の光は燃え盛り、道はいまだに遠い。

私は神を求めるが、見出さない。
私はすべての通りに神を捜す。
あなたは偉大なる神、私はどこにあなたを見出すだろう？
私はあなたを見たい、つかまえたい。

鹿が水を求めて歩くように、
神よ、私はそのようにあなたを切望しています。
陽の光は燃え盛り、道はいまだに遠い。
神よ、私からお隠れになっているのですか。

私は大声で叫び、あなたを妨げる。
聞いてください。私の大きな叫びを。
神よ、私はあなたに叫びます。あなたが私のことを聞いてくださるように。
神よ、私は待ちます。あなたが私をごらんになるまで！

私はあなたに感謝します。

詩編42編（『神様、私はあなたと話すことができます』）

「わが神、わが神、なぜわたしをお見捨てになったのですか」。イエスは十字架の上で叫びました。彼は詩編の言葉でこう叫んだのです。彼は、それによってすでに繰り返し人々によって語られた叫びを表現しています。神から見放されていることへの訴えです。この根源的な訴えは、幼い子ども、つまりまだ母親がすべてであるような子どもにとっての訴えでもあります。こういった訴えは、多くの詩編の中で表現されます。「死の陰の谷を行くときも」と詩編23編で語っています。暗闇を前にした根源的な不安は、人間の苦しみに対するイメージとなります。――他の多くの聖書物語の中で、苦しみや挫折、あるいは人々の怒りが示されています。まさに、そのような困難な状況の中で、とりわけ徹底的に神への問いかけがなされ、そして神の救済に信頼が向けられるのです。

私たちにとって重要なことは、イエス自身が詩編の言葉、「わが神、わが神、なぜわたしをお見捨てになったのですか」を用いたことです。彼は、それによって、彼が私たちの全生活、また時間のはかなさに関与していることを示します。彼が見捨てられたと感じ、死に、全く私たち人間に属することによってなのです。彼は私たちが否定的な極みと感じるその各領域においても人間なので、死を垣間見るイエスの苦しみによって、彼という存在が私たちに身近になります。彼は、単に奇跡や愛の掟を通してだけではない形で私たちを救済します――彼は私たちに最も価値ある業をなさいましたが、それは私たち人間のように苦しむことによってなのです。彼は、私たちに確信を与えます。それは、神と私たちの関係が、苦しみにおいてもまた持続しているということです。彼ご自身、こう語っています。「人の子は仕えられるためではなく仕えるために、また、多くの人の身代金として自分の命を献げるために来たのである」（マルコによる福音書10章45節）。

しかし、もし私たちがここで話を止めて、イエス自身が生涯苦しみと闘ったことを言わないならば、それは間違いです。彼は、苦しみや病気、死の兆候を、愛において仲間と共に認識しただけでなく、それらを多様な仕方で克服しました。イエスの奇跡はイエスの名によるしるし〔原語 Gegenzeichen は連署、連判の意。イエスの行為と同時に、神の働きを示すものと解釈できる〕です。それらは、私たちにとって苦しみが必然であることを認識するのと同様に重要です。苦悩、病気、不安そして死は、最終的なものではありません――それよりも強く、そして、それによって私たちにイエスの行いと教えが語られる、神の力が存在するのです。

子どもたちにとって、これは理解しがたいことです。しかし、彼らは、大人たちもまた苦しんでおり、なおかつ、その苦しみによって破綻を迎えないでいるということを知ります。彼らは、私たちが苦しみについて語ることができ、また自らの葛藤を押し殺すべきでないと感じるようになります。人間が時間のはかなさに苦しむことによって、子どもは、成長の過程を経験します。自らの限界の中で救済を渇望しながら生きることを学びます。その際、神がいつのまにか近づいておられるのです。

ディートリッヒ・ボンヘッファー（Dietrich Bonhoeffer）は、〔獄中書簡の中で〕次のように書いています。「苦難の中で、自分の事柄を自らの手から、全く神の手に移すことが許されている、ということにおいて解放が見出されるであろう」。もしかすると、そのような救済は、非常に小さな形で、すでに子どもの苦しみの中にも、生じ得るのではないでしょうか。

第10章　子どもと死

1　私たち大人にとっての死

「子どもと死」のタイトルで、私たちが子どもに死を説明したり、示したり、そう教え込んだりすることとは、掛け算の九九や、片付け、あるいは歯磨きを教えることと同じでしょうか。最近とりわけ多く読まれているこの「死」という事柄を、子どもたち向けに商品化しようとでも言うのでしょうか。

おそらく、このような疑問を述べると、死をくどくど論じることに私が不安をもっているのではないかと感じられることでしょう。私はそこからいかなるテーマも解説する気はありません。むしろ、私自身の出会いや成長の経験から、子どもや死、そして、私自身のことを問うてみたいのです。

死について語ることは、原則として自分自身ではなく、むしろ第三者と関係づけられます。ドイツ語の、「死（Tod）」という言葉は、「殺す（töten）」という行為を表す言葉に属します。私たちの身にふりかかることに対しては、ドイツ語では他の言語と異なり、独自の語幹を持っています。それは、死（Sterben）です――その言葉は、元々は「動かなくなる（starr werden）」を意味し、慎重に婉曲的な表現として用いられていました。しかし、今日私たちにとって「死」もまた、直接的で、きつい言葉となりました。私たちはその言葉を避けます。その代わり、「永眠する（entschlafen）」、「無言の帰宅をする（heimgehen）」、「息絶える（ableben）」、あるいは無造作に「のたれ死ぬ（verrecken）」、「くたばる（abkratzen）」を用います。これらの言葉が示しているのは、「死」というものが、大抵他の人の死を問題にしているということです。死というのは、私たちには煩わしい事柄なのです。――しかし、私たちは、自らの死について熟考しなければなりません。そして、子どもたちにそれについて語らねばならないのです。

一九一〇年に、リルケは、『マルテの手記』の中で次のように書いています。

今はもう誰一人いない故郷のことを思い出すと、僕は昔はそうでなかったと思うのだ。昔は誰でも、果肉の中に核があるように、人間はみな死が自分の体の中に宿っているのを知っていた。（いや、ほのかに感じていただけかもしれぬ。）子どもには小さな子どもの死、大人には大きな大人の死。婦人たちにはお腹の中にそれを持っていたし、男たちは隆起した胸の中にそれを入れていた。とにかく「死」をみんなが持っていたのだ。それが彼らに不思議な威厳と静かな誇りを与えていた。

（大山定一訳、新潮社）

エリザベス・キューブラー・ロス（Elisabeth Kübler-Ross）は、すでに一九七六年の本を「死への成熟」と名付けました。そのタイトルは、驚くほどリルケのイメージと一致しています。それは、成熟することです。年を取ったり病気になってから、取り組む問題ではありません。――神学者カール・ラーナー（Karl Rahner）は、死の延長について語ります。死を先延ばしするという意味ではなく、むしろ死を前方や後方に拡張することで、生命全体の中に引き入れることを考えています。

死は、それゆえに生命全体の一つの事柄です。それは、子ども時代にはじまります。両親、子どもたち、教育者を結びつけます。誰でも最初から死を自分の中にもっています。人間は死と共に生きます。そのことは、必ずしも常に死に関する話題を取り上げなければならないものではありませんが。

しかし、死は、私たちや子どもたちにとって基本的に全くなじみがありません。そして、私たち自身に関わることとしてはなじみがなく不気味なもので、死が自分の子どもに関係するときは、全く理解しがたいものとなります。私は、苦痛に満ち、ゆがんで、不満を抱いたその女性のまなざしを思い浮かべます。彼女は、ケーテ・コルヴィッツ（Käthe Kollwitz）によって繰り返し描かれました――その芸術家が、第一次世界大戦で戦死した彼女の息子の死を、残りの生涯をかけて何度も新たに作品にしたことが知られています。また、「子どもと死」への問いという、死にかけた子を抱える母親と私が接触するときに私にも思い浮かぶ、とりわけ痛々しい状況に関することです。ここで、私たちは、かつてないほど残酷な形で死と出会います。キリスト教と対立するものとして理解されるべきではない、ある仏教の物語によれば、悲しんでいる母親というものが核心においてあらゆる嘆き悲しみの総体なのです。

すべての生命あるものにとって、死は避けがたいという教えは、あらゆる仏教的説話の中で最も知られた一つ、「芥子種のたとえ話」に感動的に描かれています。この話では、ある女性が、愛する息子の亡骸を腕に抱き、彼の死についての際限ない痛みを感じています。彼女は、人生にとって、少なくとも死が決定的な出来事であることを知らないようです。彼女は、「病気」の子どもの意識が戻るという希望を抱いて、病気を見事に治すことで知られるブッダに近づきます。ブッダは、彼女にある特効薬を与えました。しかし、それは彼女が求めていたものではありませんでした。彼は、町の家々を回って唯一の芥子種の粒を探すように彼女に命じました。この種は、彼が言うには、息子の病気に対する効き目のある特効薬なのです。しかし、彼女はその種をその家ではまだ一人の死者も出ていない家からとって来なければなりませんでした。——それは、父も母も、兄弟姉妹も、召使いも家畜も死んだことのない家なのです。家から家へ探しているうち、彼女は、誰も死んだことがない家などないことに気づきました。彼女は徐々に、死や悲しみに対する特効薬である真理にたどり着いたのです。死はすべてのものの避けがたい運命であること、そして、この不可避なことに直面して、彼女には悲しむ理由などない、ということに。間違った希望や無用な痛みから生まれる苦悩から解放され、彼女は、穏やかな心で焼却場に行き、息子を火葬しました。

（キューブラー・ロス『死への成熟』）

私たちは、死つまり人間的な命の限界に関する知識は、すべての人にとって共通なものだということを知っているにもかかわらず、考え方を一新することは、実際的な場面では私たちにとってそう容易ではないでしょう。このような知識は、なじみがなく、不気味です。それぞれ死の時は、とりわけ「死後のこと」は、私たちにはわかりません。同時に、死についての疑問は、生命への疑問をも含んでいます。死を通じて私たちの生命は制限されますが、それによって、逆に生命に価値があります――この価値ある生命の意味はどこにあるのでしょうか。しかし、私たちは、生命や死の意味を問うように、徹底的に神を問うことは決してしません。人間はこの制限された生命にこだわっています。死は人間にとって、常に早くやって来ます。

この考え方は、グリム童話「寿命」の中にとても生き生きと描き出されています。まず、三匹の動物たちが、彼らの寿命を決めてもらうために、神のところにやって来ます。「三十年は、お前にとって良いか」と神がそれぞれに尋ねます。動物たちには、これは長すぎます。神は憐れみ、それらの一部を免除し、ロバに十八年、犬に十二年、サルに十年としました。しかし、人間は、神の前に出たとき、三十年には満足しませんでした。――彼はロバや犬、ついにはサルが必要とする長さではなく、結局「七十年」を手に入れました。その童話は続きます。「人間は立ち去ったが、満足はしなかった」

最も理性的な存在としての人間は、自分がはかない運命のうちにあるということに、逆らわないではいられません。死を想起させるものを人はわざわざ受け入れず、少なくとも簡単には認めません。グリム兄弟の童話「死神の使い」は、こういった事情をとりわけわかりやすくしています。死神が、ある大男によって打ち負かされ、半ば失神しかけた状態で道端に横たわっていました。ある若者が彼を助け起こしました。死神はその若者に、お前は誰だときききました。死神は、誰かを死から逃れさせることはできないが、助けてくれたお礼として、「私が来る前にお前を迎えに行く」使いの者を送ろうと言いました。しかし、死が実際にこの男を迎えることになって、彼の肩をたたいたとき、彼は全く死への備えができていませんでした。「死の使者」、それは、熱、めまい、痛み、耳鳴り、そしてとりわけ「死と血を分け合った兄弟」である眠りです。それらを彼は、死期を悟るための前触れとして心にとめることはありませんでした。

私たちは、死について語ることを好みません。これは、人間の本性です。確かに今日、死をテーマにした多くの書物があります。それらは、良心の呵責の表現なのでしょうか、あるいは真実の欲求を示すものなのでしょうか。同時に、そのテーマは、おそらく自己防衛のために繰り返しタブー化されています。死が最も身近にあるところ、それは、私たち自身の死と関わることであれ、また死にゆく者と間近に接することであれ、私たちは言葉を失い、あるいは当惑します。子どもたちの非常に直接的な問いは、私たちを試み、沈黙させ、あるいは子どもらしいものであっても真実ではない、私たちにとって信じるに値しない答えを与えるよう導くことがあります。

2　健康な子どもたちにとっての死の意味

四歳から六歳までの幼い子どもたちは、通常、死に対してこだわりをもっていません。死は、彼らにとって最終的なものではないのです。「死」は、「壊れている」あるいは「動かなくなった」ようなものなのです。しかし、壊れたものは再びちゃんと元通りに、修繕することができます。幼い子どもたちは、死が最終的なものであることを理解できません。彼らは、例えば祖父に言います。「おじいちゃんは、もうすぐ死ぬの？」。なぜなら、彼らは「死」と「年をとる」ことが互いに関係がある、とうすうす感じているからです。しかし、この結びつきがどこまであるのかを、彼らは意識していません。幼い子どもたちは、ちょっと笑いながら再び生き返る「死人ごっこ」で遊びます。十人の小さな「黒人の子どもたち」の話には、子どもたち向けに、様々な絵本のバリエーションがあり、かつては面白く、そして気どらないものとして出版されました。しかし私たち大人は、死人工場というような描写に不快感を覚え、子ども向けの絵本の書棚にはそのような本がない方がいいと考えます。

ドイツの幼稚園のアンケートによれば、ほとんどすべての教師が、おもちゃの拳銃のあるなしにかかわらず、子どもたちが殺し合いごっこで倒れて死んだふりをすることを楽しむのは日常的にあると答えています。それは、おそらくテレビやマンガに影響を受けた遊びかもしれません。

この年齢の子どもたちは、死の出来事について、心の中でほとんど自分とは無関係にしか感じません。彼らは感情的には反応せず、通常、死を自分自身に関係づけたりはしません。そして、より成長した子どもたちが驚くことに、彼らは小さな生き物を殺すことさえできます。

幼い子どもたちはまた、人は死に対抗することができる、と信じています。五歳の男の子の話は、興味深いものがあります。彼は、どうやったら自分の父親が年を取って死ぬことを避けられるのか、じっくりと考えました。彼は言います。「ぼくらが、パパの誕生日のお祝いをやらなければ、きっとパパは年をとらないよ」。……「ぼくらがパパに何もプレゼントせず、誕生日のお祝いをしない」。……「そう、そのときロウソクもつけないで、パパが何歳かもわからないようにすれば」。幼い娘は言います。「ママ、ママが大きな石を私の頭の上に置けば、私は大きくならないわよ。だって、大きくなる人たちは、年を取って死んじゃうもの」

どちらかと言えば、死について疑問をもたない幼い子どもたちの態度は、彼らの未熟な時間感覚と関連しています。彼らは、わずかな時間しかもてないという不安を知りません。彼らの中に、そのような不安を呼び覚ますと、ひどいことになります。楽しく、のんびり遊ぶことができるために、彼らには時間は無制限にあるという感覚が必要です。私たちは、この感覚を彼らに可能な限り長くもたせたいと思います。成績を上げるプレッシャーは、いつも早くやってきますが、長い間不安と無縁に遊んでいた子どもは、どちらかと言えばこれに太刀打ちできます。

3　母の死に対する不安

母親だけではなく、両親、あるいは親代わりの人の死は、幼い子どもにとって本当に言葉で表現できないほど怖いことであり、決定的な出来事でもあります。このことによって日常生活全体が変化します。最も関係の深かった人に何かを求めても、それはもはやかないません。この状況において、おおよそ四歳までの子どもに対してできる実に唯一の助けは、母親代わりの代理の女性が与えられることです。その子どもに対して亡くなった母親と同じくらい愛情に満ち、献身的であろうとする人です。そうすれば、守られているという感情は、子どもの中で失われることはありません。

アンナ・フロイト（Anna Freud）〔ジクムント・フロイトの娘〕は、その著書の中で、戦争のひどい混乱状態の経験に対する幼い子どもたちの反応を調査しました。そして、両親が彼らのそばにいた場合には、死に際しても子どもたちがほとんどショックを受けないことに注目しました。また、小児科においても、人間関係に支えられ、両親のもとでいつもちゃんと守られているこの年齢層の子どもたちは、同室の患者の死に対して取り乱したりはしません。そのため、幼い子どもたちには、死に対して大げさに配慮をするのではなく、むしろ、自分が担うことになる人間関係が当然その後も続くという保証こそが必要なのです。

子どもたちと一緒にいる際、できれば不安から来る想像・妄想なしでやり過ごしたいと思う場合に、そういった想像が生まれる（べきな）のは基本的にあくまでその保証があってのことです。「おばあちゃんは静かに眠っているんだよ」という言い方を子どもにした場合、子どもは夜寝る前に不安を示すという形で反応をします。あるいは、子どもたちは、死んだ猫が死体用のコンテナの中に入れられ、二度と出てこないことを怖がります。その猫はまだ本当には死んでいないのではないか、と言って。

子どもたちが死を感じるとき、とりわけ自ら作り出すファンタジーがありますが、それについて誰も語りません。私が自分の中にそれを求めたり、自分自身で何かを考え出すことは許されません。そのような想像は、とりわけ七歳から十一歳の子どもに見られます。彼らは現実的な死に対して興味を持ちます。また、見た目すぐに死とわかるものや棺、墓場、腐敗、「死後のこと」について興味をもちます。このような死に伴って生じる諸現象に対し、子どもは、極めて重要かつ現実的な返答を期待する一方、同情の感覚が、まだほとんど備わっていません。それに対する返答がなければ、子ども自身が考え出します。死に対する思いは、徐々に感情的になるものの、この現実的な段階で、子どもに不安が伴うことはほとんどありませんし、子どもが自分自身の死と結びつけることもありません。

ここで私は、彼らを冷酷な年齢層と名付け、区分しようとは思いません。一般化は危険です。子どもは、一人ひとり人格をもった人間であり、異なる形で問いをもち、皆違う体験をします。

しかし、ある考察については、子どもの一般的な特質に思われます。幼稚園から小学校入学にかけての年代において、多少の時期のずれはあっても、死との関わりにおいて、子どもたちの多くにある種の危機が幾度か生じます。最もつながりの深い人である母親が旅に出たり、あるいは長い間不在となるとき、彼らは母が死ぬのではないかという不安を口にします。この不安は、分離不安の一つの極端な形式であり、もしかすると子どもの原不安と一般的に言い得るものかもしれません。子どもが「死」を口にする場合、しばしば具体性を欠きます。子どもは大人のその言葉を耳にしたとき、「死」が否定的で悲しい何かであると感じるのです。

この段階の子どもたちと、死について対話する際、慎重な対話だけが可能です。対話の中で、「(子どもたちを)安心させること、しかし、いかなるごまかしの言葉もつかわないこと」という原則を守るべきです。母の腕に抱かれ、大きな安心の中で、この年代の子どもは、何かが両親の身に起こった場合、具体的に何を処理すべきかについて語ることができます。洗礼の際の代父母がいるのは、もしかするとこういった深刻なケースに備えてのことなのでしょうか。私たち両親は自分自身の死への不安ゆえに対話が不適切なものになってしまい、それゆえに原則として親子間で対話が行われることはありません。私には、次のことが重要と思えます。つまり、子どもに母の死についてこのような不安を語ることで胸騒ぎを起こさせないこと、あるいは母親自身の不安を伝染させないことです。小児科の幼い重病の患者たちは、しばしば自分自身の死より、母親の死に恐怖を覚えます。私は、そのような母親たちがお見舞いの後に、家から電話し、事故に遭わず無事に帰宅できたと伝えねばならなかった事例を知っています。

4　子どもは死をどのように経験するのか

心理学的調査で明らかになったのは、死についての知識は生まれつき持っているものではなく、子どもに「教えられる」、つまり、社会的に伝達されるものであることです。両親や教育者たちが、意識的に語り、説明することによって、また彼らの態度を通して、子どもは影響を受けます。それは、神について語ることと似ています。神は、それ自体あるのでも、目に見える形で証明できるものでもありません。神は、私たちが神について語ることを通じて、そこに存在します。

では、今日私たちは、死についてどのように語り、子どもたちは死をどのように経験し、また出会うのでしょうか。今日の子どもは、身近な親族たちの死を近くで経験することはほとんどありません。私たちは、同年代の者同士で生活しています。老人たちは通常、中年層や若者たちと一緒に住んでいません。彼らは、しばしばひとりで、自宅や、老人ホームで生活しています。これは、家族の住宅が狭い事情と関連がありますが、また、私たちの生活スタイルや要請とも関係します。その要請とは、今日の両親の世代が仕事から学校において（ここではただ「業績のプレッシャー」とだけ言っておきますが）求められているものです。今日、中年の世代の人間には、多くの場合、祖父母、あるいは子どもたちの曾祖父母まで、身近にいて死ぬまで面倒を見る場所や諸能力、時間、そして気持ちがほとんどありません。

かつて――私は、大家族の中で生活することを想定しています。それは現代の私たちにとって、文字通りの農家の生活環境にのみ、なお見出せるものです――老人たちは彼らが住み慣れた環境の中で死んでいきました。彼らは、自らの死を独自のスタイルで迎え、最期の時まで、若者たちや子どもたちと共に日常的な接触を保つ可能性がありました。今日私たちは、そういった死のスタイルの多様性が喪失したことについてむしろ話さねばならないでしょう。ベッドは多くの場合自分の物ではなく、部屋もそうではありません。おそらく病院、あるいは施設でよりよい介護が提供されるでしょう。そこでは、私たちがお年寄りや病人に、家では提供できないような医薬品や（痛みの）軽減が施されるでしょう。しかし、医療器具に囲まれての死は、さびしいものになるでしょう。

いずれにせよ、年を取り死ぬことは通常、よく「整えられて」いるので、子どもの日常の外で起こります。私たち年配者の時代では、死にゆく人を看取ることは、専門的表現で「死への同行（Sterbebegleitung）」と名付けられ、重要とされました。とりわけガン患者のことを考えると、大きく進歩したとは思います。「ホスピス」が造られました。そこでは、死を迎える人たちが単に医療を受けるだけではなく、とりわけ人間的な世話を受け、共同体の中で品位と愛に満ちた看護を受ける生活を送ることができます。しかしながら、これは通常、子どもの生活圏外にある施設あるいは活動です。

しかし、十九世紀のごく初期には、子どもの死亡率はとても高かったのです。それゆえ、子どもたちは単に祖父母の死だけではなく、とりわけすぐ近くにいる兄弟の死も頻繁に経験しました。しばしば、彼らは自分自身の死への恐ろしい不安にさいなまれました。悪いことをすれば、突如死がやってきて罰せられるよと脅されて、行儀よく「敬虔で」あらねばなりませんでした。それによって、子どもの生活は重苦しくなったのです。——昔の時代、親の死は、子どもにとってとても頻繁にありました。なぜなら、昔の人間の寿命は短かったからです。しばしば出産時に母親が亡くなりました。

子どもの死への関わりに影響を与える大人の振る舞いについて問題にする前に、私は病気や重病の子どもたちを観察したことについて伝えたいと思います。たとえ健康な子どもたちとの接触が根本的な問題であるにせよ、私たちは、死にゆく非常に繊細な子どもたちを観察することから、決定的な事柄を学ぶことができます。

5　病気の子どもたち

重病の子どもたちが自分の死を予感することは、よく知られています。彼らは合図を送っています。それは、直接的であることはほとんどなく、むしろ隠された問いであり、とりわけまた、彼らが語るイメージ（Bilder）についてはそのイメージについての子どもたち自身のコメントを十分に聞き取らねばなりません。とりわけ、印象深い子どもの「合図」の一つをここで引用します。ある八歳の重病の女の子は、母親にアンデルセン童話の「マッチ売りの少女」を読んでくれるよう頼みました。その母親は、少女の死後しばらく年月がたってから医者に言いました。「幸運にも私は決して（娘に）問いませんでした」。死を迎えた子どもたちを目にして、多くの問題提起をしている心理学者のスーザン・バッハ（Susan Bach）は、次のように述べています。「仮に、『なぜこのお話をききたいの？』と母親の代わりに問いかけることができたとして、その幼い患者は、それによって誰かと心の中を分かち合うことができ、彼女はひとりぼっちで死ななかったかもしれないというのでしょうか」。私には、その幼い少女にとって、その「話自体」が十分答えになったと思えます。物語の中の子どもは、温かいマッチを擦って、その明かりの中に彼女の死んだ祖母を見ました。「ああ、私を連れて行って！」と叫びます。マッチを全部擦った後、その子は死にます。その物語は、そのように終わります。「祖母は、決してそのように美しくも、偉大でもありませんでした。彼女は幼い少女を腕に抱きあげ、輝きと喜びの中で高く挙げられました。そこでは、寒くもなく、空腹でもなく、恐れも感じませんでした――彼らは神のそばにいたからです――しかし、寒い朝、家の隅で、幼い少女は赤いほほで、微笑をたたえた口をして座っていました。――凍えるような大晦日の日に死んでいたのでした」。ここで、その死んでいった子どもは、必要としている答えを求め、童話が物語られることによってそれを得たのではないでしょうか。

もう一人の八歳の少女、プリスカは、多くのスケッチを残しました。彼女は、脳腫瘍にかかり、その後一年足らずで死にました。死の十か月前、彼女は、蛇行する道を描きました。それは、天と地の間に浮かび、天に近いところにある家につながっているように見えました。プリスカはこの絵についてこう言いました。「私は女の子よ。おうちに行きたいなあ」。この少女は、とりわけ魔法使いを描くのが好きでした。しかし、とびきり楽しそうなニコラウス――きわめて高齢の神の姿――も描きました。それに対してスーザン・バッハは、問うています。まさにプリスカには、彼女の描く最後の道についての、この絵と自分との積極的な関係が重要だったのではないか、と。いかなる場合でも、この子は、最期に至るまで満足した幸福な状態であるべきであり、その心理学者は、死へ向かって「踊る（Hinübertanzen）」ことについて語っています。

死に向かう子どもたちの他の「積極的な」例について言及できるでしょう。いずれかの仕方で、それらの事例に刺激を受けて、私たちは健康な子どもたちについても語ることへと導かれます。守られていることと、そして善良なる神についてのイメージは、天、あるいは死後の生に対するむやみに飾り立てられた許されざる景色を描くことよりも重要です。しかし、アンデルセン物語を聞くことを望んだ少女は、早期に子どもたちに伝えられたイメージあるいはお話が、彼らが死と対峙する際に自身で直接問わなくてもいいよう彼らを助ける、ある種の宝を造りだすということを示しています。病気の子どもたちが童話の主人公が陥っている不安について話したり、あるいは描いたりする場合、絵やおとぎ話は、例えば彼ら自身のことや彼ら独自の不安について、異なる形で表現し、また無意識のうちに語るための道具を、彼らに対して常に提供します。

6　限界と共に生きる

私が病気の子どもたちのおかげで得たこれらのヒントに対して、健康な私たちは死へのタブーを取り除く以上に、どのように死に対して準備をしたらいいのか、そして今日当然求められる脱タブー化とはいかなるものでしょうか。その際、子どもたちの問いに個別に答えることは重要ではありません。私たちの生命が限られていることを意識して、子どもたちと共に考え、生活し、そして語ることが重要なのです。

大体生後八か月頃の子どもは、生命をもたない物とはいかなる会話もできないことを発見します。子どもは世界の中で、生きているものと、そうでないものを区別することを学びます。これは、「死」のような何かが存在するという、最初の価値ある、同時にぎょっとするような認識なのです。

ジャン・ピアジェ（Jean Piaget）は、子どもの精神的発達の観点において、今世紀のおそらく最も重要な心理学者ですが、こう書いています。「死の現象を通して、子どもは自分の好みを突破することを強いられる。世の中のすべてのものが、あたかもただ人間のため、そしてその健康のためにだけ整えられているかのように考えがちであることからの突破である」。この発言は、子どもはいつか、自分の限界を知り、それを受け入れ、諦めることを学ぶことをも意味しています。私は、ここで「星の銀貨」という童話に出てくる子どもを思い出します。手元には確実で健全なものがすべてあります。しかし、それによって全く新しい発見がなされるのです。すなわち、生命は限られている、という発見です。しかし限られている生命が、生命全体なのではありません。後からそれを越えていくものです。

ヴェレナ・カスト（Verena Kast）〔一九四三生まれ。スイスの精神病理学者〕は、彼女の本『悲しむ』で、「別れの存在」という表現を用いています。それは限界を伴う生命に属しています。「別れの存在」とは、人間は新しいことを始めるために、いつも繰り返し古いものと別れる存在であることを言っています。「別れの存在」は、死や悲しみに属していますが、常に命の中にあり、そしてそこから取り除かれてはならないのです。確かに私たちは、子どもが別れの瞬間を子どもなりに受け止める手助けをしなければなりません。別離、痛み、諦め、厄介な限界についての意識が生まれる際に、その子を助けねばなりません。けれども、そのような体験から新しい創造性が生まれるのです。その際、子どもの感情の教育は、真剣に取り扱われねばなりません。感性の訓練は、とりわけ幼い子どもたちには、悟性や知性の訓練よりも重要です。マリア・モンテッソーリ（Maria Montessori）〔一八七〇―一九五二。イタリアの医師、教育家〕は、感性の働きの訓練が必要であると唱えました。死という観点から彼女が勧めたのは、目を閉じた子どもの左右に大人が支えるものを備え、支えられているという体験をさせることです。確実性つまり外面的意味での確かさを越えて、伴われていることを体験させるのです。歩いたり泳いだり飛んだりすることを学ぶ際、子どもたちは不確かなものへと踏み出す経験をします。私たちは、親として「その不確かさを取り除いてあげよう」とは言えません。しかし、「一緒に行こう」とは言えます。一緒に行くということは、安心感を伝え、また、その際、神が人生において、また人生を終えた後にも共に歩むイメージになっていきます。

死への準備は、したがって最初から次のことを意味しています。子どもに存在の不確実さや柔軟さを経験させること、命がすでにないものと関わることを躊躇せず、また、伴われていることの意味を体験させる、というようなことです。

そのような死の話題を容易にする振る舞いについての一般的な様式と並んで、次節で、死を生活に関係づけて、いかにもっと死についてはっきり語ることができるのかを示唆できればと思います。

7　自然の中での生成と消滅

すでに早くから、子どもは自然の中や年の移り変わりの中で、生成と消滅を観察することができます。木の葉は、春にゆっくりと葉を広げ、新緑の喜びをもたらし、後にすべて色鮮やかになって、そして一度に落ちます。それらは土になります。枯葉を集めた堆肥の山についての会話は有益です。枯れ葉でできているにもかかわらず、そのような堆肥には命があるからです。シャボン玉は、大きくなり、様々な色になり、パチンとはじけます。そして、小さな水滴になり、やがて乾いてなくなります。その際、消滅は目に見える出来事です。動物の死は、かわいいハムスターであれ道端の死んだ鳥であれ、その「埋葬」は、子どもにすべての生命の一度きりのはかなさを考えさせます。子どもが見て学ぶ、そのような日常の出来事は、死が何か自然なものであることを示します。後に、子どもはおそらく、その経験を人間へと置き替えることができるでしょう。

また、死との関連で蝶について話すこともできるでしょう。見栄えのしない幼虫から誰もその形や色を予想できない、素晴らしい姿になります。この現象を、絵本を基にしてより幼い子どもたちに示すことができます。私は、幼稚園で蝶そのものを見せたことを教師たちから聞きました。そこから、生と死についての長く、慎重な会話が続きました。その会話は、当然ながら宗教的な側面をもったのです。

そのような幼虫と蝶についての会話の際、生き物の新しい生命についても話すことになるでしょう。「新しい命」といったものは以前には考えられなかったのですが、それは、私たち大人にとっても「永遠の命」や「死へ向かう命」といった謎めいた決まり文句が語ることよりも多くを語る、適切な概念です。

また、そこから全く新しい植物が生まれる、種のある穀物の絵も利用できるでしょう。それはまだ、穀物の聖書的・キリスト教的意味である必要はありません。消滅、そう、種皮が腐って、なくなることから、種の形では予想もできない鮮やかな生命が生まれることは、比喩として重要に思われますが、実験として、植木鉢や最も小さな家の中、各幼稚園やあるいは教室の中で追体験できます。聖書のコリントの信徒への手紙一の15章やヨハネによる福音書12章24節には、穀物についての示唆が見られます。私が多くの思いを込めた絵本『ぺーレと新しい命』〔Pele und das neue Leben: Eine Geschichte von Tod und Leben. ぺーレは、毎日一緒に遊んでいた友人トモを突然失った。やがてかつて二人で蒔いた種が花を咲かせ、新しい命が形となる〕の表紙には、このイメージが真ん中に掲げられています。

8　老人との出会い

子どもにとってお年寄りと接することは、大きなメリットになります。また、お年寄りにとってもプラスとなります。複数の世代が一緒に生活することは、すでに「普通」ではない以上、中間層の世代が、お年寄りたち（自分たちの祖父母だけに限らず）と子どもたちとの出会いを繰り返し促進すべきです。それは全く容易なことではありません。私は安易にベビーシッターとして必要とされる、まだ元気な祖母のことだけを考えているわけではありません。彼女はとりわけ、どんな子どもをも際限なく愛して、生活の視野を広げてくれます。また、両親は祖父母がなす独自の教育スタイルを認めるべきです。教育スタイルは絆を深めるため、病気だったりとても年老いている祖父母（あるいは曾祖父母）との結びつきを保つことになるでしょう。そのつながりは、老人にとって喜びの源泉である一方で、子どもたちにとっては、力の衰えや死に備える可能性とすることができます。また、幾分疎遠で、あるいは病気だったり正常な判断ができなくなった老人たちを子どもたちの前から「隠し」てはなりません。彼らを訪ね、喜ばせるよう試みることができます。

とにかく年を取ることは、社会の片隅に追いやられることでも、恥ずかしくて隠されることでもありません。むしろそれは、私たちの生活の積極的な部分をなしているはずです。価値あるパートナーとしての老人たちは、私たちや子どもよりも人生の長さをひと足先に経験し、同時に「新しい生命」の近くにいるのです。

9　悲しみ

今日、私たちは、悲しみなしに愛する人の死を受け入れることはできないことを知っています。私は、屍衣〔死者に着せる白衣〕の物語について考えます。わが子の墓で涙を流す母親が登場します。泣くことは禁じられています。死んだ息子が眠ることができないというのです。息子は白い屍衣の姿で現れ、言います。「ああ、お母さん、泣くのをやめて……」。この話は、悲しみが取り除かれるのに長い時間がかかるのは、社会の要請である、と示しています。それに対して、シンデレラは、母の墓のもとで思いきり泣いています。その涙は生産的です。新しいものを生じさせるからです。

悲しむこと、泣くこと。そこに私たちは踏みとどまっているのですが、これらは良いリアクションと言えます。なぜなら、死んでしまった命は、実際に終わりだからです。子どもたちと共にいるときでさえ、私たちはこの点において現実的でなければなりません。天における再会について、私はいかなる確かな約束もできません。死んだ人が神のもとで安らかにいるというまっとうな慰めは、死者の不在という事実を帳消しにはできません。私たちが死んだ人のことを考えることは、悲しみを大きくしますが、私たちや子どもたちが自らの内で彼をさらに生き続けさせることを助けます。真の悲しみは、それが大きくなるほど、子どもたちが一緒にいる人の悲しみを理解し、思いやりをもって対応することの助けとなります。それは、おそらくいかに悲しんでいる人に慰めをもって接することができるかということについての、全く新しい考えを与えるかもしれません。私は、ここでまた、お悔やみの手紙を書いたり、あるいは悲しんでいる人のもとを訪問することとの困難さを考えます。

私は、葬儀が差し迫っている人のところに、子どもたちをあらかじめ連れて行くことがあります。もちろん、踏むべき手順は十分なされねばなりません。死者のそばで本当に悲しんでいるとき、外的世界に興味はほとんどないか、あるいはわずかであることは明らかです。私たちが大人として、そのような時期をなんとか頑張って乗り切ること、そしてこの状態を、外的世界にどちらかといえば好意を持っている子どもたちに対しても全く隠したりはしない、ということは十分グリーフワークに属すると言えるでしょう。もしかすると、まさに死の光景において、子どもたちによって与えられる喜びが特別な仕方で私たちを助けてくれるかもしれません。

10　牧会的救済

死について子どもたちとどのように話すことができるのか。数少ない、一見、関連がないように見える概念を補い合うことによって、うまく表現できるかもしれません。それは、同情、祈り、「備え」を持たせてあげること、そしてユーモアです。

共に苦しむこと

共に苦しむこと、共に歩むこと、死ぬまで、また死を問う中で、全生涯を共に歩むことを含意している、そのような共に苦しむこと（Mit-Leiden）は、語源的に同情（Mitleid）と一致しないわけではなく、他の人と関わり合うこと（Sich-Einlassen）であり、魂への配慮（Seelsorge＝牧会）です。しかしまた、子どもは自ら他者に付き添い、自分の要求を我慢することを学びます。みんな一緒の道のりにおいて――その道のりについて語ることもできる、そのような道のりにおいて――共に歩み、共に苦しむことは一体感を強め、また孤独ではないという思いを深めます。それに付随するのが、私たちが見ているものが、なかなか明らかにならず、また、正当化もされていないことについての告白です。それは、私たちがすべてを説明したり、説明できるわけではないことを意味します。まさに説明できない事柄としての、苦しみや死を、私たちの人生に引き込んで考えなければならないのです。

私がハイデルベルク子ども病院の心のケアで協力して、はっきりと痛感したことがあります。私たちができることは、希望がないように見える道で、ほんの少しだけ共に歩むことにすぎません。運が良ければ、私たちは道の左右に一回だけでも明かりをともし、物語り、母の肩を抱くこともできるでしょう。しかし、私たちはわずかなことで満足せねばならず、そのわずかなことの中に「大きな」チャンスを見出さねばなりません。とても小さなしるしが重要となるのです。

健康な子どもたち、私たち自身の子ども、そして他の人から任せられた子どもたちに、私たちはより集中的に付き添い、共に歩むことができます。私たちの振る舞いは、彼らに勇気と安心感を与え、その中で死について問うこともできるようになるのです。

祈り

神との関わり、神によって引き上げられること、それらは、子どもが「彼岸」について問うたときに、私たちが言える最も大切なことです。それは、ささやかなことのように見えます。しかしそのささやかさは、同時に開かれていることでもあって、それを黄金の部屋がある天の宮殿の発明とか描写によって置き換えられるべきではありません。しかし同時に、イエスの復活について語られるべきです。復活したイエスが示すのは、人生というものが此岸にいる私たちに知られない仕方ではあっても進んでいくということであり、その際、人生は神と共にある、という保証は私に大いに光をもたらしています。

祈りの中で、「神に属していること」が直接心に感じられます。私は、神と共に語ることができます。なぜなら、神は私のことを聞き、そして、まるで失われた息子のたとえ話の父親のように私を受け入れてくれるからです。まさに祈りは、お年寄りや病人のためのとりなしの祈りも含め、年を取ること、病気そして死であっても、私たちと神との関係に干渉することはできないということを子どもたちにも示すのです。死を間近にする人が、できる限り長く生きてほしいと祈ることは、いつも正しいとは限りません。――しかし、だからこそ、病気の曾祖母の痛みがひどくならないようにと、彼女が死を恐れないようにと祈るのです。私たちが「おばあちゃん」と呼んでいる近所の農家の女性が、長い闘病生活の後、九十歳で亡くなったとき、私の一番下の息子は言いました。「だからぼくは、愛する神様のそばにいることで、おばあちゃんが喜びますように、とお祈りするよ」。私はうれしく思いました。彼は、何か重要なことを理解したのです。

私は、十四歳でガンを患っている少年ペーターに、慎重に祈りをすすめました。私は以前、病院の部屋で、同室の小さなフィリップと一緒に簡単な祈りを（ナイトテーブルの上に本を置いて）唱えました。ペーターは、疲れていましたが、それでも次の夏休みについて語ろうとしていました。その夏休みをもう迎えられないかもしれないのに、ペーターは、フィリップと一緒にささげていた私の祈りを注意深く観察し、そして言いました。「祈るっていうけど、祈りたいと思っているんだけど、『できない』んだよね」。そして、傍らにいる五歳児にしばしば目をやり、ほとんどかっとなりながら言いました。「もっと早くから学ばなければならなかったなあ」。――私はこの少年からとても悲しいやり方で学びました。人は祈ることが「できること」を、幼いうちから子どもたちに示すこと、それが私たち「健康な」者の課題なのだ、と。

また、死という観点から、祈りの教育は、私たちが牧会的に寄り添う際の中心部分でもあります。

備え

「備え」によって何が含意されているのでしょうか。私はここでとりわけ子どもの中に生まれる内的イメージについて考えます。これは第一義的には、聖書の絵（イメージ）についてであり、絵が持つラディカルな絵画性（イメージ性）において、これらの絵は全く現実的な側面をもつ一方で、神に対するイメージともなります。私は、ここで、重病で悲しんでいる子どもたちから多くを学びました。いつもいつも病院で大人気のお話、迷える羊を捜す羊飼いの話が語られました。病気の子どもたちは、使い古された小羊のぬいぐるみを欲しがりました。小羊を捜す羊飼いごっこをして遊びたかったのです。しかし中でもとりわけ、彼らは羊の役をやりたがりました。捜され、見つけられ、撫でられる羊の役を。これは、大きな慰めです。そのメッセージが、捜す神と捜される人の話であることは、ほとんどどうでもいいことになり、世話をする良い羊飼いの話が「備え」になったのです。この羊飼いの話は、私にとっても、つまり迷い、死に向かう人間にとっても、備えになり得るのでしょうか。

病院にいる九歳の少女は、以前、イエスの話であればすべて断固として拒否していましたが、突然一つの「イメージ」に興味と希望を向け始めました。彼女は問います。「ね、イエスさまの話の中で、一番素敵なのはどれ？　それは、空っぽの穴に……」、そして、カウンセラーの問いを含むまなざしに答えるように、その子は（今や元気に、ほとんど勝ち誇ったように）言いました。「そう、その空っぽの穴の話。みんな考えるよね。イエスさまが死んじゃったから、お墓に行きたかったの。でも、お墓の穴の中は空っぽで、絶対イエスさまは死なないの。すごい、すごい」。ここでは、すべての希望が一つのイメージ、あの空っぽの墓のイメージに凝縮されています。私は、子どもが私たちに示してくれるものの中で、聖書のイメージほどに助けとなり、慰めや備えとなり得るものを、他には想像できません！

ユーモア

ユーモアは必ずしも笑いを意味するものでもなく、こっけいさとはほとんど関係がありません。より深い意味でユーモアは、私たちが物事を相対化し、あまり悲劇的に受け取らず、積極的なものを見失わないことです。また、ユーモアは、最もつらい中で喜ばしいこと、美しいことへ視野を持ち得ることを意味します。もしかすると、ユーモアの代わりに朗らかさについて語るべきなのかもしれません。朗らかさは、死もまた最終的なものではない、ということを表現します。朗らかさは、重病の子どもたちにとって、いつまでも生きることへの希望をさらに少しだけ切り開きます。また、朗らかさは、健康な子どもたちに対しても、死に関する話をより容易にします。死によって制限されているにもかかわらず、あるいは死によって制限されているからこそ、と言うべきなのかもしれませんが、生きることは楽しく、満ち足りて、重要であり、そして最後の時に至るまで価値があるものです。死の痛みは、生きることをネガティブにとらえることによって軽くなるわけではなく、むしろ十分に生き、世界中の美しさを知ったという感情によって、軽くなるのです。

最近では、幸運にも優れた絵本のシリーズがあります。それは、死について話すことを容易にしてくれます。「おじいさんはスーツを着てたの?」と幼い少年は質問します。彼の祖父は、棺に横たわっています。同時に、この問いが、素晴らしい絵本に送られる一九九八年のドイツ青少年ブック賞のタイトルとなっています〔Amelie Fried: Hat Opa einen Anzug an? Bilder:Jacky Gleich, Hanser Verlag 1997〕。それは、まじめで、またユーモアにあふれた仕方で、また、現代的で表現豊かな絵によって、皆にじっくり考えさせる内容となっています。死というテーマは、今日もはやタブーではありません。

第11章　善悪の狭間に置かれた子どもたち

1　子どもたちは、「愛らしく」ありたい

善悪を見分けたいという願い、そして自分が善の側に属したいという欲求は、子どもたちが考え出す祈りの表現にはっきり表れています。「私が愛らしくなって、親切に人を助けられますように」「悪い人も、早く優しくて、ちゃんとした人になれるように助けてあげてください」「私が素直になれるようにしてください」「何が良いことで、何が悪いことなのか、区別できるようにしてください」「愛する神様、ぼくが時々悪い子になるのをご存じですよね」（『子どもたちが神様に期待すること』）。

そのような子どもたちの言葉を読むと、私たちは是が非でも、子どもたちをより厳しいモラルへと導いてよいものなのか、わからなくなってきます。他の人を無意識のうちに善悪に分けて、白黒つけて判断し

てしまわないでしょうか。そこで、私の曾祖母の本にある小さな祈りが思い出されます。

愛する神様への祈り

私はただ良い子でありたかったし、悪いことを絶対したくなかったのです。
お父さんとお母さん、みんなが、私に望みと喜びを覚えてくれますように。
愛する神様、あなたは何でもなさいます。
ああ、私を助け、私を良い人にしてください！

「愛する神よ、私を信心深くしてください」、あるいは「私は小さく、私の心は清められる」という祈りにおいて、ずっと前の時代から残滓のように影響を与えている人間像や神の像を私たちは見出します。ここでは、すべてをお見通しで、それゆえに私たちを不安にもさせ、社会の規範に可能な限り多くの緊張を求める神というものによって、ほとんど無意識のうちに、本来持つべき安らかな心の状態が脅かされていないでしょうか。子どもにきちんとした適応を要求することは、子どもの自由な教育や自己発展を支持する、遅くとも一九七〇年代終わりからの現代的な教育理論に矛盾しないのでしょうか。二百年前の啓蒙主義時代から、自己決定と創造的な力を発展させる人間の教育が、すでに中心を占めるようになっていたのではなかったでしょうか。

まさに祈りにおいて、神との出会いにおいて、この啓蒙主義以来の現代的人間観、教育に関することすべてが突如当てはまらなくなるように思われます。ここで、神は子どもたちの「愛らしくあること」を支えることができる救済者です。それは、あたかもおとなしく従順であることを主に期待しているというように、日常生活における子どもたちと真っ向から対立することが起きているかのようです。しかし、子どもは、そのような期待を満たすことに苦労します。おそらく、「悪くあること」は愛を取り上げられることにつながり、「愛らしくあること」はとてつもなく難しいことだ、と子どもは感じるでしょう。そこにおいて、神はただ子どもたちに合わせるお方であるだけではなく、善悪の徹底的な管理者であることになります。

しかし、善悪の区別は、良い子・悪い子という古くさい期待とは無関係です。それは、世の中における善悪の諸力を、自分の内面において区別し、認識したいという子どもの根本的な欲求に対応しています。繰り返しにすぎないおとぎ話を聞きたいとせがむことに、この傾向が見られます。通常、おとぎ話の中で、悪は、秘密に満ちた悪の本質の中に現れるにせよ、あるいは権力の残酷さとして示されるにせよ、徹底的に打ち負かされ、殺され、回心させられます。ここで子どもは、善は悪より強いが、悪に対する根源的な不安は理不尽なまま残る、という確信をもちます。

そのようにして、子どもたちの欲求は、まさに、おとぎ話において――これについては別途、章を設けることになります――つまりファンタジーの世界の中で、十分に鎮めることができます。現実生活の中で「善い」と「悪い」はいつも明確に区別されるわけではないこと、「悪人」の背後にその人の中で収まりがついていない問題や、良い性質があり、「良い」とされる人にもしかすると自己正当化や見せかけが隠れているかもしれないことを、子どもたちは、大きくなって初めて学びます。他者に対して様々な判断をしていくことによって、一義的に愛らしく、良い存在でありたいという、ほとんど動かしがたい望みが、もしかすると取り去られていくのかもしれません。

2　罰と良心

子どもたちは規則と規範を身に付けなければなりません。そうでなければ、共に生きることは不可能です。そのための訓練、ドリル、あるいは強制がどれほど必要でしょうか。言い換えれば、どの程度であれば、子どもは見よう見まねで自分ひとりで判断することを学ぶのでしょうか。結局、どの程度、罰を容認することになるのでしょうか。

ペスタロッチは、このように書いています。「子どもたちを罰することは、ただ両親だけに許されている」。子どもたちが両親から時折罰を受けることがあり得るとして、それは子どもを愛したいと願っているからであり、子どもが受ける痛み、あるいは不安よりも、罰を与える者の愛はずっと大きいのだ、そんなことが、はたしてあり得るでしょうか。ほんの小さな体罰も許したくないので、私はまた、小さな出来事を紹介します。それは、私が、ずいぶん前に私の幼い娘が体験した当時のことを書き記したものです。

平手打ち

その子は十日前から一年生のクラスにやってきました。今日、彼女は「S」を三列書かねばなりません。それは彼女には難しいことでした。何度やっても綴りはうまくいきません。母親がそばに辛抱強く座り、小さな弟はすぐ隣にいて、静かに遊んでいます。徐々にその子の機嫌が悪くなってきました。彼女は、Sのいまわしい形にいらいらして、突然、ドアをバタンと閉めて部屋から出て行ってしまいました。綴りの練習は彼女にとってあまりにばかばかしいというわけです！　すぐに彼女は、ひとりでまたやってきました。彼女は基本的に書こうとしてはいるのです。彼女のかたわらで弟が外に出たがってぐずりはじめました。しかし、母親は、ちらちらと時計を盗み見ます。兄が頭だけ部屋の中に入れて言いました。「まだ終わらないの？」。Sは相変わらず上手とは言えません。母親のあらゆる説得にもかかわらず、少女はつらくなって、母親に悪態をつきはじめました。すると、母親は思わず「悪い子」を平手打ちしました。その子と母親双方が、愕然としました。しかし、さらに驚いたことに、残りのSはたちどころに一言の文句もなく書かれたのです。平手打ちがもたらしたものは、他のものだったかもしれません。
晩になると、兄たちが言いました。「アンナは、今日とても悪い子だった!」。すると、母親はまた平手打ちをしました。子どもたちにわからせるのは、難しいのです。つまり、単にアンナは悪い子だというのではないこと、むしろ、彼女にとって学校の始まりについていくのは容易ではないこと。そして、まだ幼い弟が気ままにしているのに我慢できなかったこと。そして、大きな環境の変化に順応するために彼女にはみんなの助けが必要なことを。平手打ちは「正しい」ことではありませんが、神経がすりへった状況での短絡的な反応であったと、私には十分わかっています。

ここで課題とされているのは明らかに、罰を与えることの是非ではありません。私はいかなる関係にあっても子どもに暴力をふるわない教育を支持します。しかし同時に、両親として、私たちは自分の情動の下にあり、子どもたちへの無条件の愛を自らの支えにしている、ということを強調したいのです。自分の子どもとぶつかるのを恐れることは間違っています。また、自分の感情を常に抑えつけることも誤りです。重要なことは、良い母親として心の自由な空間をもっていること、そして、子どもがその空間を喜んで認める、ということです。子どもに対する愛が、子どもに対して支配的であるべきです。そうすれば、「いや」と否定の言葉をつかうこと、時には禁止とか、さらにはあの平手打ちを伴うような体験でさえ、子どもに悲劇的な結果を招くことはありません。しばしば子どもたちは、私たちに対して挑発に近いことをします。そして、踏み越えてはならない限界がどこにあるかということを、無意識のうちに知ろうとします。しかし、個別の命令や禁止は、子どもの安全のために必要です。他方、子どもは、自分自身が心地よく感じるために、常に承認、賞賛、あるいは「成功体験」を必要とします。まさに「道徳的」教育の際、明らかに私たちは全く居心地の悪い綱渡りを行うことになります。

「良心」というものは、きわめて緊密に善悪の思考と結びついています。クラスなどで、大人たちに自分が経験した「良心をさいなまれたこと」の最も古い思い出を話させると、次のようなことがわかります。子どもたちにとって、さいなまれる良心というものはほとんど自然に発達しますが、これは放置されるべきではありません――良心がさいなまれた状態を大人になるまで背負い続けるべきではない、ということです。子どもの中にある良心のさいなみを感じ取ること、語り聞かせ、ひょっとするとユーモアを交えた仕方でそれを取り扱い、子どもの負担を軽くしてやることが大切です。

私が子どもの頃読んだ、前世紀〔十九世紀〕に記されたシュタウプ（Johannes Staub）〔スイスの作家、教師〕の子ども向けの本にあった、「良心」という小さな話が思い出されます。それは、私がかつて宗教科教育の「聖書物語と道徳の教え」の科目で聞いたものと似た話でした。この小さな話の中で、悪の存在が、また悪いことへの意識が、明確に神に結びつけられ、多くの場合は罪という言葉にも結びつけられていました。私は、そのような「教え」から今日の子どもたちを守りたいのです。

良心

ある幼い少女が姉に言いました。「もし私の行儀が悪かったり、何かひどいことをしたら、私の心の中でいつもトントン音が鳴るの。まるでハンマーで打つように、それは痛くて、不安なの」。姉は言いました。「ほら、ハンマーは良心をさいなむものなのよ。愛する神様は、そうやってあなたの心をたたき、そして言うの。あなたは罪を犯しました、いい子にならねばなりません、てね。でも、もし親や先生の気に入られていたら、あなたはどう感じるの？」。その子は言いました。「ああ、そのときはとっても嬉しいし、心が軽くてとってもしあわせよ。ハンマーはひっそりと静まり返っているわ」。「ごらん、それは良心がとがめてないってことよ」と姉は言いました。「だから、私たちはハンマーがもう心をたたくことがないように気をつけないとね」

3　神への畏れ

聖書には、アブラハムが、神によって息子イサクを捧げよと命じられる、難解な物語があります。私は、子ども向けの聖書物語の中に、こんな表現を見出しました。「しかし、彼がそれをしなかったら、神はもはや彼の友ではなかったでしょう」。あるいは、「神がお語りになること、それはいつも正しいのです。理解できなかったとしても、そして聞き従うことで困難を抱えることになるとしても、いつも従わねばなりません」。――私はまさにこの物語をそのまま、「幼い」子どもたちに語らないでおきたいのです。ちょうどそれは、聖書にたまに登場する悪魔や、あるいは地獄についての言及を控えておきたいと考えているのと同じ事情です。とりわけ強調されねばならないのは、先ほど引用したような道徳的な教訓は、聖書のテキストそのもの（創世記22章）には出てこない、ということです。見かけだけ子ども向けであるような解説の中に、神が教育手段として誤用されているのです。それは、神の愛が取り消されると脅すものです。いつも従順でない限り、友人関係を取り消すと神が告げていることになってしまうのです。

ここに、聖書の危険な取り扱い方が反映しています。つまり、不安をもたせ、私たちが理解もできず、また望みもしない、命令する監督者としての神を様式化してしまうような解釈であり、適用です。再び、私たちはまた昔の時代にもどり、十九世紀の「神への畏れ」に行き着きます。次の話にあるように、私たちは子どもたちをさくらんぼ泥棒から良心を脅かす倫理主義的な形で守るべきではないのです！　しかし、「神への畏れ」や倫理は、私たちや子どもたちから、決して互いに完全に切り離されるべきではありません。その小さな物語は、ここで単に否定的な例として挙げられているのでなく、むしろ「神への畏れ」という古ぼけた概念をより積極的に充実させるよう促していると考えるべきです。

コンラートは、見知らぬ家にたまたまやってきた。テーブルの上に籠いっぱいのおいしそうなさくらんぼがあった。コンラートはさくらんぼが大好きだった。彼は部屋に誰もいないことがわかると、片手いっぱいに取って急いで逃げようと思った。彼がいったんそれを手に取った後、突然頭に教師が黒板に書いた格言が頭に浮かんだ。すぐに彼は手を引っこめ、その言葉を小声で言った。「私がいるところ、私がすることを父なる神はごらんになっている」。そして、彼はすぐに部屋から出た。この様子をすべて、隣の部屋で病気のために寝ていた女性が、目撃していた。彼女はそのことを後でコンラートの父親に言った。ああ、この父親は、どれだけ神を畏れる息子のことを密かに喜んだことだろう！

4　新しい倫理——世界の中の神？

今日私たちは、宗教教育において、罰あるいは良心のとがめに関する意識を植え付けるような、教育の手段として神への畏れを必要とする教育を拒絶していますし、また拒絶しなければならないということは、はっきりしているように思われます。しかし、無制約で自由な空間という、子どもたちに不安を与えることも選択したくはありません。このことは、子どもたちが両親に対して教育の指導方針を要請するときに、まさしく彼ら自身の口によって明確にされることです。両親もまた、自分自身や子どもたちに対する基本方針を求める際に、そのように言うことになります。

スイスの市民法第三〇二条に、両親が促進し、守るべき子どもたちの「道徳的成長」についての条文があります。この短い、ほとんど暗号化された要請の背後に、親を含めた教育者たちが責任を負ってきた道徳教育の長い歴史があります。十八世紀においては、そのような道徳性が啓蒙主義時代のシンボルでした。子どもたちは、とりわけ世界や人間に関する知識へと教育されるべきであり、実際そうされてきました。さらに例えば博愛主義者で有名なバゼドウ（J. B. Basedow）やザルツマン（Ch. G. Salzmann）が代表的に行ったように、質の高い教育施設において、子どもたちの養育が引き受けられ、彼らは家族から幼くして離されて育てられました。それは、宗教教育と銘打って行われたものではありませんでした。有名な教育家・哲学者ルソー（J. J. Rousseau）は、当時、狭い意味でのキリスト教教育を子どもの頃から始めることを推奨しませんでした。――反対に、十九世紀に敬虔主義という信仰覚醒運動から生まれた教育理論が優位に立つようになりました。今やすでに早い時期から、子どもに対して罪や恵み、そして敬虔が話題にされるのです。人間の堕落した本性が克服されねばならないこと、善と悪との区別――正しい神の前での――が第一の課題になります。宗教的語りの特定の文体、今日まで使われている宗教的子ども向けのテキストがそれに伴いました。

今日、私たちは、「反権威的教育」の関連ないしその結果として、強制的なものからの自由を求めて闘っており、まさに宗教教育において、どんな不安も呼び覚まさせることがないように、そして子どもらしい考えやファンタジーを型にはめ込むことがないよう模索してきました。しかし、裏口から再び古いものが入り込むことがある程度あり得るのです。その背後にあるのは、どのようにすれば、神についての語りが変容する現代世界において、基本線を提示し得るのかということに関して、子ども自身の求めがあるにもかかわらず、私たちがそれに十分に応えられていない、ということです。

世界は、子どもたちにとって、より大きくなり、巨大になったとさえ言えます。メディアを通して、彼らはすでに早いうちから世界規模の公共性に加わり、もしかすると責任を感じつつ、それが過大な要求であると感じているかもしれません。それに加えて、子ども同士の暴力や依存問題が、親には大きな不安となります。どのようにして私たちは、個人として影響を及ぼせるのか、そして、子どもを何らかの運動へと引き込む大きな力が過大になっているのではないか、と不安になります。現代的で高度な技術を用いることは必要ではありますが、生活にあまりに氾濫しているように思われます。宗教的領域においてさえも、そのような技術が盛んに入り込んできています。コンピュータ・ゲームやネットサーフィン、そしてさらには、短期間に数百万人規模で広まった「たまごっち」は女神となりました。つまり、宗教的側面をもっているのです。「よりによって私と出会うとは、きみはなんと幸せなんだ！」と、「宇宙からやってきたひょうきんな訪問者」「地球外の人気者」として描かれている、あの不思議な卵の付録説明書に載っています。

当初は周辺的でありましたが、間違いなくすでに子どもたちの世界に達している問題領域として挙げられるのは、政治的な過去の清算です。それは、東西対立の思考、同時に数十年にわたって凝り固まった善悪二元論に終止符を打った、ほとんどまだ整理されていない政治的転換であれ、ドイツ、オーストリア、さらにはスイスも含め、私たちの曾祖父母や両親たちに「第三帝国」の期間に精神的打撃を与えた、私たち全員の課題である過去の清算であれ、私たち皆に関わっている事柄です。

その背後において、またこの現象と並んで、子どもらしい成長を念頭においた「自己実現」という概念が広まり、それについての需要も高まるようになりました。個人主義は、圧倒的な権威に対抗して子どもを強く創造的にしますが、同時にエゴイズムや孤独をもたらす可能性があります。それと並んで――あるいは、それに対して、と言うべきか――私たちは連帯に――それにしてもこの概念は、便利ではあるのですが、同時に空虚な決まり文句に落ちぶれもし得るものです――肩入れをしたいと思います。連帯、それは私たちが今日、一体となって、共通の目的に対する責務を果たし、また他者のために尽くす用意があるという意味で理解している言葉です。元来、その概念は法的なもので、「保証」を意味し、最初は労働者や労働組合運動の中で使用されました。キリスト教の概念である愛や慈善とは、別の次元にある言葉なのですが、なんとかキリスト教と関係づけたいと思っています。連帯、それは、学問的、政治的、そして闘争的な概念です。その言葉が生き、また子どもたちを生かすことができるよう、常に私たちは新しく中身を満たさねばなりません。

ここで引き合いに出された観察すべてを通して示されているのは、宗教教育が社会と関わりをもちながらも倫理的な教育になることが、今日いかに難しいかということです。ここで挙げられた問題に関わるのであれば、子どもたちの日常において常に新しい「解決」や創造的な取り組みが必要になる、ということを示したのが、『どんな子も特殊なのか？――スイスにおける宗教』という研究調査です。いかなる万能の解決策もありません。助言者としての教会に対する信頼は揺らいでいます。個々が日常の問題への助けを、また、倫理的な基本線を探す際の助けを、宗教的であっても教会的でない領域に求めています。

そのような助けはどこにあるのでしょうか。そして、子どもたちのために、また子どもたちと共にある倫理という観点に立ったキリスト教は何を「提供する」のでしょうか。

静寂と運動

これは、それ自体ではキリスト教だけが志向しているものではありません。静寂の時、忙しい世界の中での静かな瞬間、夢見る時や傾聴する瞬間、熟考の瞬間、――すなわち、子どもたちならすぐに適応できる黙想の時というのがそれです。人間にとって、自分自身を越えて考えるために、そのような時が必要です。そのような時に、神は子どもを可能な限り生き生きとしたものにしてくださいます。そのような状況で、新しい、よく吟味された行動に向かう力が生まれます。その行動は、前に述べたような現代的技術がもたらす強制によってでも、私たちの時代が従っている法則性のもとにあるわけでもありません。それは、自ら決断する機会であり、内的意識から出発した活発で創造的な機会なのです。また、これは必ずしも神との関連で語られなければならないわけではないとしても、私には、夕べの祈り、あるいは物語、さらには総じて宗教的影響下にある儀式は、創造力をそのように掻き立てることに、とりわけ適しているように思われます。

開かれた目

私は、その姿勢を「開かれた目」、こう呼びたいと思います。私たちキリスト者は、この姿勢を隣人愛という言葉と共に表現します。それは、他の人たちに対して、小さきもの、大きなもの、老若男女に対して、そして、世代を超えて開かれた目と耳です。そして、非常に覚醒した目でもあります。その目は、今日、テレビ画面や社会での業績至上主義から連れ出されねばなりません。社会の硬直や蒙昧から解放されねばなりません。また非常に小さい子どもたちは、ただ他人に興味をもっただけで、腕を伸ばし、抱きしられめることを受け入れるほどにみずみずしいオープンさをもっています。早いうちから、キスし、手を触れ、互いに身を寄せ合うことを「学び」、見習い、真似をします。これは全く当たり前なこと、ありふれたこととして映ります。しかし、隣人愛は、他人に対する優しさをもった目によって始まり、人生のあらゆる段階において新しい表現と空想力を必要とします。開かれた目の他に、子どもたちは愛に満ちた、差しのべられた手を必要とするでしょう。その際、単に分析するだけでなく、世界を変える助けとなる分別が必要です。時代遅れの倫理、退屈な倫理がそうでしょうか。新しい世界の中で、それが失われず、時流にかなうよう変えられることが大切です。見知らぬ諸宗教に対する寛容がそれにあたります。そして異なるものをのぞきこむ目です。近き者への愛（隣人愛）が遠き者への愛になるのです。

世界の中の神

これは、私たちが創造や、近き者と遠き者のこと、固有の魂といったことを手がかりに子どもたちに対して伝えるべき知識です。冒険や深遠で奥義めいた旅がそれを見つけるために必要というわけではありません。神がここにおられるのは、自明のことなのです。私が、まず「敬虔」であったり、「清い心」をもつ必要はありません。神が私のところに来てくださり、そばにいてくださることで私の心が清まるのです。子どもたちに対して、罪の赦しや神の降誕、受肉について話すことは、ひとまず後でいいのです。それに対して神がそこにおられること、確かにおられて、私を受け入れてくださることは、早くから理解できるのです――そして、ちょっとした会話や祈り、あるいはお話の中でそれを伝えることができます。

神が世界に存在することによって、この神の創造した世界が、単なる神のための記号にとどまることはなくなります。世界というものは、さらに、守るに値する貴重なもので、私たちの責任に委ねられています――ちょうど世界というのは、他者と同じようなものです。その人たちのために、私たちには目が与えられているのですから。それらは取り換えがきくものではなくなります。「使い捨て社会」ではなくなるのです。一般的に、このことは全く、小さな歩みを進めることによってしか現れません。見た目には小さな倫理であり、子どもらしい手によって、子どもらしい心の中で始まります。もしかしたら、手で触れることによって、そしてほほえみによって。異なる世代の二人の子どもによる祈りが、それについて伝えてくれるかもしれません。

どんよりした街中で

私はどんよりした街中にひとりでいます。
多くの人たちの中に、目と手がないかと探しました。
でも、どちらを向き、どこに行けばいいのでしょう。
みんな冷たそうで、見知らぬ人ばかり。

小さな笑い声がそこにあがっても――
すでにもうそれは去っています。

私はどんよりした街中にひとりでいます。
家の中、路地の中、どこかにつかんでもよい腕はあるのでしょうか。

私はこの人たちと知り合いになりたいのです。
彼らに触れ、そして名前で呼び合いたいのです。

笑っている人は誰かいますか?
私は、どんよりした街中にひとりぼっちなのです。

神様、あなたはどんよりした街中のすべてをご存じです。
彼らの肌、目、そして手をご存じです。
家や窓、壁もご存じです。
神様、私はあなたに手を差し出します。
私の手をとり、私を連れて行ってくれますか?
右も左も、どこもかしこも見てください。
後ろも、前も、すべて端っこまで見てください。
他の人たちの腕も取ってください。
そうすれば、あなたと一緒にどんよりした街を通り抜けられます。
腕をつかんで、目をのぞき込むことができます。

そのときから雲はぬぐい去られます。
　小さな笑いが、今や、みんなに広がっています。

そして、私には今や確かなのです。
神様、あなたが、それをなさったということが。
（『神様、私はあなたと話すことができます』）

もし、私が花のにおいをかぎ、
そしてウサギの白い毛皮をなでるなら、
もし、私が母の目を見るなら、
神よ、あなたの輝きがささやかながらいつもそこにあります。
だから私は喜んでいます。
（『あなたの世界は美しく欠けたところがない』）

第12章　子どもと共にイエスに出会う

1　子どものもつイエスのイメージ

イエスは、子どもたちの日常生活の中でどんな役割を果たしているのでしょうか。もちろんイエスについての問いは、私たちとあのお方との関係や、私たちと教理との関係同様に、それ自身キリスト教教育において、大きな意味があるに違いありません。しかし、一般的に――少なくとも子どもの目線では――天地創造や世界の始まりと終わり、生命と死、また、神と祈りについての疑問が中心です。どうすればイエスについての語りをそこに含めることができるでしょう。

キリスト教の祝祭との関連では、イエスについて比較的当たり前に問うことになります。子どもたちは、クリッペ〔木彫り等の人形で馬小屋の場面を模したもの〕の中の幼子イエスは早くからよく知っています。

布にくるまれたこの幼子と、成人したあのイエスが結びつくということは、多くの人にとって長く謎にとどまります。受難日や十字架――墓におけるものと教会におけるもの――についての記述や、それらに触れた子どもたちが、もしかしたら感じるかもしれないのが、イエスが単にクリスマスの喜びだけでなく、死や苦しみと何か関係があるのではないか、ということです。

どうすればお話や会話によって、イエスが子どもの、そして私たち自身の信仰の中心になるのでしょうか。これに関しては、イエスとの関係の根本にあるものが重要であり、イエスに関する祝祭の説明や、他の章（17章、20章）で示される読み聞かせの技術が指し示されるのはその次である、と私は思います。

今日の子どもが、イエスとどのように出会うのかを考えるとき、次の特徴的な四つのエピソードが私の念頭にあります。それらは、互いに異なり、またすべて典型的なものです。

モミの木の下に組み立てられたクリスマスのクリッペの前に子どもが立ちました。その子は、粘土でできた幼子を手に取り、母親にそれをそーっと差し出して言いました。「幼子キリストだよ」。母親は答えました。「イエスさまね」。父親は、クリスマスのお話を聞かせました。その子は、その話のすべてを理解するには幼すぎました。けれども、幼子キリストの人形とイエス・キリストの名前との関連で、全く他の状況でもこの名前と結びつくようにして喜びと暖かさの感情が記憶に残ることとなりました。

すでに10章の「子どもと死」の章で触れた九歳の重病の少女は、イエスの復活のことを思い出しているところです。「空っぽの墓穴」の絵を見て、彼女は、暗闇に捕らわれても、なお先に進むという意味がそこにあると確信し、それは慰めのシンボルとなりました。

カトリックの司教クラウス・ヘムメルレ（Klaus Hemmerle）〔アーヘン司教区、一九二九―一九九四〕は、子どもたちに「貧しい人の中に、不幸で打ちひしがれている人々の中にイエスを探し、そして愛するよう」求めています。彼の著作『私はどこにイエスを見つけるのか』（一九八一年）の中で、子どもたちの手紙が紹介されています。ある少女は、書いています。「私はそのとき、お母さんと一緒に病院にいました。男の子が椅子に座っていました。その子は両足をバタバタさせていました。手でいつも頭を抱えていて、お母さんはその子を引っ張っていかねばなりませんでした。その子は、行動に障がいを抱えていました。そして私は考えました。その子がイエスだ、と。私は、そのかわいそうな子のことを考え続けています。気の毒なことです。そして、私は自分に健康が与えられていることを喜んでいます」。この少女が障がいをもった子の中に見出したのが本当のイエスではないにせよ、その子はイエスを確かに近くで経験したのです。そしてその子は、単に自分が健康であることを喜んだだけではありません。彼女は感じました。イエスが病気や障がいをもつ人と関わっている、と。あのお方は、そのとき私たちの近くにいます。彼が私たちにそのような人たちへの気づきを与え、そして隣人愛へと促します。

博物館の中で、ある感受性の強い少年が中世的な感じのするキリスト磔刑図の展示の前にたたずんでいました。しゃべることも質問することもなく、彼は魅入られ、同時に不安でいっぱいになって、何度もその絵のところに戻ってきました。自宅に帰る際――後部座席に乗っていたのですが――車窓から教会の正面入口の上に掲げられている十字架を見つけました。彼は、それを指して言いました。「イエスの十字架だよ」。そのときから「十字架」は、この子にとって、イエスと関連したしるしとなりました。それは、苦しみや死とも結びついたしるしです。

私は、これら四つのエピソードを――もっと付け加えることもできるでしょうが――子どもたちのもつイエスのイメージに関して、もっと一般的に認められていることによって補足しようと思います。家族でイエスに、例えば「主なるイエスよ、来て私たちの客となってください……」と〈歌にもなっているよく知られた祈りを〉祈る場合、彼らは感じることでしょう、自分たちは今、イエスに祈ることができる、と。イエスはそれゆえに、神ととても似ているということになり、このお方は、祈りの定式の中に、ひょっとしたら降りてくるような形でおられるのかもしれません。同時に、私がこの祈りをするとき、私から「遠く」、ひょっとすると、天の上にいるかもしれません――けれども、私は、食卓で、ベッドの中で、心配を抱えながら、この地上にいます。それなら、イエスと「私」、子どもと祈りとは、互いにどう関係しあうのでしょう。このイエスは、私にとって生き生きした存在と言えるのでしょうか。実際に、彼が客として私のところにやってくるのでしょうか。そのような問いに含まれる緊張と期待から、重要な考察、信仰へのきっかけが出てくるのです。

子どもたちが私たちと大人と一緒に見ているのは、イエスについてのテレビ番組ばかりではありません。

彼らは機会があれば、例えばシュノル・フォン・カルロスフェルト（Schnorr von Carolsfeld）の聖書の絵を引っぱり出してきます。もしかしたら、彼らは現代風の子ども向けの聖書物語やコミックを持っているかもしれません。イエスの外見は、おそらく長い髪をして、柔和な目をした、私たちの世界に属さない「スーパーヒーロー」の類の男性です。しばしば光輪が絵画の中にいるこのヒーローの神々しさを際立たせます。イエスの絵、それはもう一つ別の入口なのです！

オットー・ヴルシュレーガー（Otto Wullschleger）は、子どもの描いたイエスの絵に関するアンケート調査を手がかりに、一九七七年に『目に見えるキリストについて』と題する本を出版しました。当時、「イエスが神の子である」という文に対して、驚くほど多くの子どもたちが正しいと答えました。他方、「イエスは二千年前に生きていた」という問いに対しては、「なじみが薄い」と答えました。彼らはイエスが誕生日よりも病院に似合い、サッカー場よりも墓地で見かけ、クリッぺよりもむしろお腹を空かした子どものところにいる、という方にそれぞれ印をつけました。子どもたちは、イエスが死や病気、苦しみと関わりがあり、同時に助け手、神の子、祈ることができる何か抽象的なものであることを知っているようです。誕生日や「幼子キリスト」（クリスマスに贈り物を運ぶ天使の姿をした子ども）のような楽しい機会に、イエスはあまり適さないという扱いになっています。とりわけ、普通の子どもはイエスについての物語を知りませんでした。今日際立っている子どものイエス物語の認識不足は、当時すでに明らかにされていました。

子どもたちの日常生活の中や、彼らが聞くたくさんの素敵な物語の中に、イエスはほとんど登場しません。決まり文句である、きちんとした信仰定式の言葉は、おそらく大人たちの意識の中で、例えば使徒信条か何かの中で、引き続き生き続けてはいるでしょう。しかし、どうすればこの決まり文句が生き生きしたものになるのでしょう。もし一時的に、ほとんど偶然に、イエスについて何かがひらめき、日常生活の中に入り込んできたなら、それで十分なのでしょうか。あるいは、私たちは子どもたちにさらなるものを与え、より強く弓を引くべきでしょうか。一方で、先述のエピソードのような価値ある瞬間を受け止め、子どもたちを会話へと引き込んで、彼らの志向をそれによってさらに導くことができるということは重要です。他方で、私たちは、このような瞬間に子どもがイエスとの出会いを経験することを助けたいのです。それが祈りの中においてであれ、子どもに合わせた聖餐礼拝の中であれ、あるいはパーティーの中であれ。しかし、とりわけ私には、一時的・偶然的な経験を深め、あるいは出発点をなす、「イエスと子どもをつなぐ、より大きな架け橋」は、新約聖書を物語り、そして経験させることを通してのみ可能となるように思えます。そうして、記憶された小さなエピソードは、イエスのイメージとつながることができるのです。

2　中心点を巡る

原始キリスト教共同体にとって、復活された方、生きておられる方が信仰の中心でした。イースターは、教会にとって出発点でした。復活したイエスが、教会の主なのです。イエスが復活したことによって、彼の死に先立つものすべてが大きな意味を獲得します。彼の誕生、生涯、そして死が意味をもつのです。それを後から、福音書記者が知り得た範囲ですべてを書き記したのです。

私たちは、この初代キリスト者の出発点のまわりを回るべきです。それは、子どもたちにイエスの復活の教えを常に新たに教義として教え込まねばならないということではありません――そうではなく、私たち自身がこの始まりを見つめ続け、この中心のメッセージに絶えず接近すべきなのです。私たちは、この中心を巡って語らねばなりません。

私はここで、外側から三段階を経て、徐々にこの中心に近づきたいと思います。図を描くことで、私たち自身の思考プロセスを進める助けとなりますが、同時に、子どもたちと対話し、また子どもたちに語る際にも、また対話をすることを想定しても、この図が役立ちます。

3 二千年前に生きていた人、イエス

私は一番外側の円から始めます。そして、そこからイエス物語の中心に近づいていきます。

たとえ信頼できる理路整然とした、いかなるイエスの伝記もなく、またそれを再構築できず、そもそも

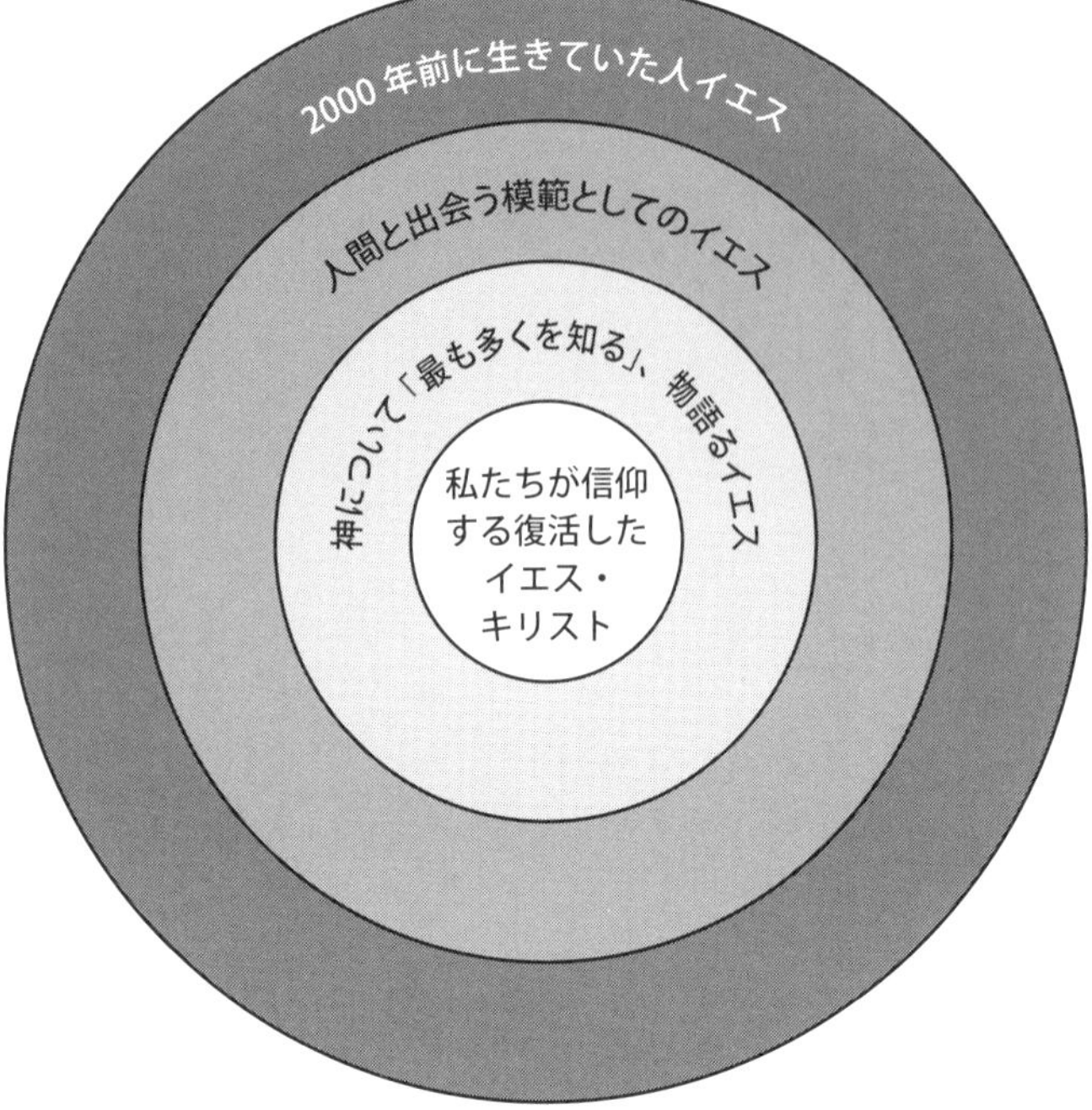

その気がないということであったとしても、子どもたちの中に二千年前の時代への、イエスが生きたその土地への興味がはっきりと起こるということは重要です。そのことと関連した知識によって、多くの新約聖書物語の理解が容易になります。古く遠くの物語を扱うことは、内的な隔たりをもたらすとは限りません。実際、隔たっている事柄が適切に記述されることで、魅力的でとても身近なものにもなります。イエスに現代の普段着を着せて、あるいはジーンズ姿で描くこと——今日の子ども向けの聖書物語に見られます——は、もしそれによってただ表面的に現代に順応させるものであるのなら、反対に聖書物語の理解を安易に、そして困難にしてしまう可能性があります。

イエスは、パレスチナという国で生きていました。そこは政治的に自由ではありませんでした。イエスの生まれた時代にその国を支配していたヘロデ大王は、ローマ帝国の配下にあり、ユダヤ民族から軽蔑されていました。例えば、レビ〔マルコによる福音書2章13―17節〕やザアカイ〔ルカによる福音書19章1―10節〕の物語の中にある関税制度は、このローマへの依存が現れています――きびしい宗教的慣習や規則のシステムが、同じようにユダヤ人を圧迫していました。エルサレムの神殿は街の中心地に作られました。頂点には、権威ある大祭司がいて至聖所に歩み寄ることがただ一人許され、「最高法院」を導き、また、ローマ人たちと協定していました。「ファリサイ派」は、平信徒運動を展開し、この規則〔律法〕の厳密な遵守に努力しました。福音書の中で、ファリサイ派は、とりわけイエスの敵として描かれています。なぜなら、彼らが宗教的規則を厳守することにしか目が向かなかったことが、イエスのメッセージに対して、彼らをさらに無理解にさせることになったからです。そこに、「律法学者たち」が登場します。彼らは聖書、すなわち私たちの言う旧約聖書をとりわけ研究していましたが、職業的聖職者ではありませんでした。彼らはシナゴーグ〔ユダヤ教の会堂〕で説教をしていました。彼らは、とりわけ、トーラー〔モーセ五書〕を解釈し、律法を教えました。イエスもまた、そのような律法学者、あるいはラビ〔ユダヤ教の教師〕でした。さらに、彼はおそらく職人でもありました――もしかしたら父ヨセフ同様に大工だったかもしれません。彼はナザレで育ちましたが、そこでは、シナゴーグの教師としては――預言者が故郷で受け入れられないことはよくあるのです――成功しませんでした。彼は特にガリラヤで教え、長くカファルナウム地方に滞在しました。ゲネサレト湖畔で、彼は友人・従う者、弟子を周りに集めました。彼は本質的には他の放浪するラビと何ら異なるものではありませんでした。ひときわ彼が注目を集めたのは、政治的な反乱者として死を遂げたということでした。ピラトが彼を反乱者と見なした、とされています。このイエスという男に関して、その時代とそれに続く時代のローマの歴史家たちは、ほとんど、あるいはただ暗示的にしか報告していません。

子どもたちは、イエスの生涯をなぞったこれらの事柄を、遅かれ早かれ知ることができます。最も幼い子どもたちには、聖書物語の理解のために必要な最小限のことだけが話されるでしょう。現実的なことが理解できるようになる八―十歳ぐらいの子どもたちは、歴史的、あるいは地理的な説明にとりわけ興味をもちます――この段階の子どもたちのために、イエスの時代の「周辺世界」を写真や描画、示唆的な説明文章によって素晴らしい方法で身近にしてくれる魅力的な一般書があります。以上をもって、私たちはずいぶん先に進んだことになりますが、それでも、まだこの円の最も外側にとどまっています。

この最周辺の円環に関する歴史書として位置づけられ得るのは、周辺世界史です。それは、背景史、あるいは歴史情報とも呼ばれます。その良い点は、聖書物語の中の誰が誰であるかということを特定できるようになるということです。それによって、聞き手が聖書の見知らぬ世界へと踏み込むことができるのです。そのような周辺史は、他の歴史に対する準備、あるいは背景として役立ちます。つまり、イエス物語のための枠組みを提供する歴史ともなり得ます。ただ眺めていただけの読者（観察者）が「共演者」となり、イエスと出会うのです。

そのような歴史は、挿絵や良い写真、あるいはスライドで代用し、補うことができます。その際、視覚的な印象によって子どもたちが圧倒されることを避けるために、特により良い絵や写真だけを控えめに使用することを勧めます。

4　模範としてのイエス——イエスと出会う

二つ目の円と関連することで言えば、イエスとは遠く離れたユダヤの預言者ではありません——二千年前に生きていた「だけの」人でもありません。彼の行動は、直接私たちに関わります。彼は、私たちにとって「模範」なのですから。彼は、不正や窮乏と闘いました。彼は、貧しい人や病気の人の苦しみを顧みました。また、富んだ者、「不義」な者、あらゆる種類の排斥された人々の困窮を顧みました。彼は愛を実践します——たいていの場合、本来的に愛が伴わないところで。そして彼は私たちに、「後に続け」と呼びかけます——後に続き、従うということは、単なる物真似にはとどまりません。

しかし私には、他の意味で、新約聖書が模範となる物語であるように思われます。イエスだけが模範ではなく、イエスが出会い、助けた人たちもまた模範と考えられるべきです。このことが明らかになるのは、例えば、徴税人ザアカイの話（ルカによる福音書19章1—10節）です。イエスはここで、のけ者、受け入れられない者、「罪人」の方を向いています。私たちは、イエスがしたように周辺に立つ人に配慮すべきです。他方、私たちは常にザアカイでもあるのです。私たちは医者を必要とする病人であり、外側に立つ者であり、不幸な者でもあります。そのように、私たちはザアカイと自分を同一化し、そしてそこから学ぶべきなのです。イエスは、また私のところに客としてやって来ます。イエスは私を受け入れ、私を彼の道に連れて行きます。

盲人バルティマイの話（マルコによる福音書10章46―52節）も同様と言ってよいでしょう。私たちは、彼のように道端でイエスを待つことができ、困窮の中で癒され、彼に従うことができます。そのような模範となる話の中心は、巷で広まっている、目に見えて飾り立てられた奇跡などではなく、むしろイエスとの「出会い」なのです。イエスは人間の病気にただ出会うのではなく、それを取り除きます。彼は病気と一緒にその人全体を受け入れます。イエスはその人の人生全体を変えるのです。もしこのことがよく語られ、追体験されるならば、語り手も聞き手も、イエスが私の弱さを顧みて、私と関わり、私の人生を新しくしてくださる、と感じるでしょう。

イエスに出会い、子どもの模範になるそのような人間に関して、脚色することも許されます。例えば、その人の感情について語ることができます。しかし他方、イエスについて物語ることに際しては、私には、この類の「創作」はよくないと思われます。イエスは、確かに完全に人間となりました。彼は人間的に苦しみました。彼は、同時代の人間として人々と出会ったのです。イエスが人間となったので、私たちはイエスと彼のメッセージを理解できるようになりました。しかし、彼がインマヌエル、「神我らと共にいます」方であることを、心理学的に説明することはできません。この世の私たちの生活に対して正しい道を示しつつも、この方は「わたしの国はこの世には属していない」とおっしゃるのです。この関連において重要なのは、私たちの構図の中心を忘れないことです――その中心とは、神の子イエスについて語るものであり、そして、人間的な説明からは離れているのです。

5　神について最も多くを知り、神について語るイエス

三つ目の段階で、私たちは、イエスのメッセージの核心に、さらに近づこうと思います。イエスは、神について「最も多くを知る」人間です。イエスは、神をご存じです。神の物語をたとえによって語ります。彼は私たちに、神や人間について語ることを助けるイメージを与えます。羊の世話をする羊飼いの姿（ルカによる福音書15章1―7節）、どんなことがあっても、再び息子を受け入れる父親の姿（ルカによる福音書15章11―32節）です。それは、子どもたちの心の中に神に対する内的なイメージを生じさせるような、そしてそのイメージによって彼らが神と共に生きることができるような物語なのです。

イエスが語るたとえは、しばしば論争から生まれます。それらは、ある全く特定の問いに対する返答であり、あるいは答える側であるイエスの立場から、ある特定の状況へ向けて語られた問いをつくります。

そのような論争や状況は、幼い子どもたちにとっては理解するのが難しく、あまりに複雑です。しかし、たとえ話をすることは論争部分はぬきにすることにして、時に、より幼い子どもたちに適していることが証明されます。その際、知的側面よりここではむしろ感情的側面を有することに関して、子どもたちの受容能力を軽く見るべきではありません。象徴的な行為、例えば「失われた息子」を再び受け入れる父親の広げた両腕は、おそらく幼い子どもたちの記憶にはよくとどまっています。「神はあなたのところにも私のところにもいてくださいます」と言うことは、彼らによって十分に追体験されます。

また、たとえ話のもつストレートさ、簡潔性は、ロールプレイを促します。無味乾燥な教えではなく、行為や語りの中ですべてが表現されます。もし子どもたちが迷える子羊を捜して見つける羊飼いを演じるなら、そして見出されて喜ぶ羊を演じるなら、その小さな演技者たちにとって、すべて説明したことによるよりも、ずっとその物語を理解する効果を生みます――より成長した子どもたちに対しては、むしろ物語のもつ歴史的な枠組みに沿って、あるいは、今日的問いに対応できるような現代的な枠組みに沿って、そのたとえが語られます。

しかし、イエスについて最も重要な説明は、大げさに響くかもしれませんが、私たちに先行する、彼の生そのものです。この生と共に、彼は神について私たちに語ります。ちょうどイエスが生き、身を捧げ行動し、人を赦し、愛したように、神は私たちにそうしてくださいます。イエスがそのように振る舞われる際、彼はすべての人間の行動を越えます。私たちは、それによって再び図式の中心点――すべてのキリスト教信仰にとっての出発点――にたどり着きます。

6　私たちが信じる復活したイエス・キリスト

そして、死に打ち勝ち、復活された方についての物語が最も中心となります。また、癒しの物語は、癒され、健康になってうれしいといったことにとどまる話ではなく、「信仰」が話題になっています。それは「あなたの信仰があなたを救った」というイエスの言葉であり、あるいは癒された者の信仰が行為へと移されるということです。つまり、イエスに従う新しい生活が始まるのです。そのような物語の中で、イエスは礼拝されてよいお方となり、まさに子どもの祈りの中で経験されるお方となります。その信仰への呼びかけは、いかなる意味でももはや単調な決まり文句ではありません。

私には、エマオへの道の物語（ルカによる福音書24章13―35節）を早くから説くことが重要に思われます。イエスは、失望の内にある若者たちと一緒に、彼らに気づかれぬように連れ立っていました。彼らは、イエスが死んですべてが終わったと思っていました。イエスが弟子にパンを割いたとき、彼らはそれがイエスであると気づきましたが、その瞬間、彼は消えました。イエスは、ご自分がさらに生き、そして私たちも死の後もなお生きるという確信を与えつつ、彼ら弟子たちや私たちのもとを去っていきました。このさらに生きることがどのようなものか、むろん私たちにはわかりません。私たちは、それをただ信じ、そしてそれがよいことであると信じるよう励まされるのです。

この円環の図は、補助手段の一つにすぎません。実質的には、私たちは、語りや対話の中で、子どもたちと共にいる際、ほぼ同時にどの円環の中にも自らを見出すことになるのでしょう。私たちは、イエスの「欠けのない」イメージを獲得するために、この円を互いに結びつけようとします。

子どもたちが次第に「信仰」、「恩寵」そして「復活」のような難しい言葉も理解することを学び、内容を充実させるために、図の中心に改めて何度も突き進むことが重要です。典礼や讃美歌の中で、要するに信仰的な語りの中で、子どもたちは、私たちが円環ということを通じて入念に語ってきた生けるイエスと、先述の難しい概念を結びつけることができるかもしれません。同時に、付け加えるならば、教会の祝祭日の時期がそこで語られる物語に適していることがとりわけ重要です。それは、この本の別の章で指摘されます。

第13章　神の天使

1　天使——敬虔な言葉か、不安の源か

「天使になって、食卓を整えて！」。子どもたちはそのような言葉を耳にすることがあります。他にも「彼女は天使のように美しかった」という表現もあります。また、クリスマスツリーには、輝く金の天使がかけられています。アドベントのロウソクには、天使の姿が彫られています。古い教会に行けば、子どもの姿で翼をつけたかわいらしい小さな天使をいつも見かけます。子どもたちは、神の玉座を取り囲む「天の軍勢」を見るでしょう。動物の身体に翼がついて人間の顔をした存在に、子どもたちは関心を持ちます。彼らはおそらく、そのように描かれたケルビムやセラフィムに疑問を持つでしょう。多くの子どもたちは、ベッドの傍らにある十四人の天使たちの祈りを唱え、大なり小なりこの天使のイメージを心地よ

く感じる、という子どももいます。多くの天使たちの「羽ばたき」がむしろ煩わしい、とある男の子が祈っているのは、興味深いことです。また、古い童謡や夕べの歌の中には天使が——実際にはいつも小天使です——登場します。私たちはグリム童話選集『千匹皮』の中にそれを見出します。

五人の天使が歌った。
五人の天使が飛んだ。
最初の天使が火を吹きおこし、
二番目の天使がフライパンをのせ、
三番目の天使が生地を入れ、
四番目の天使が砂糖をどさっと入れる
五番目の天使ができあがり、と言う。
さあ、私の坊や、やけどしないでね！

あるいは、

かわいい赤ちゃん、ぐっすりお休み！

知らないお客さんが来るの。
やってくるお客さんは、優しい天使たちよ。
かわいい赤ちゃん、ぐっすりお休み！

実際に、「天使」という言葉を私たちは用います。子どもが質問する際に、私たちは、天使について当たり前のように語りますが、それが本来何を意味しているかを知らないことに気づかされます。私たちは、天使が何か宗教に関わりがあると感じています。それは、子どもらしい敬虔さの領域で、今日の私たちにも好まれるファンタジーの中にあります。ですから私たちは、天使をおとぎ話に登場するように扱いたくはありません。空想の産物として処理したくはないのです。

天使たちは、いつもイメージ豊かな表現を通しても子どもたちと出会います。頬の膨らんだラファエロの天使は、「システィナの聖母」の絵に見られ、今日子ども向けの祈祷書を飾っています。現代にいたるまで、天使のイメージは、エルンスト・バルラッハ（Ernst Barlach）が理解しにくい作風で表現し、マルク・シャガール（Marc Chagall）もまた聖書の挿絵やステンドグラスの中で作り出しました。とりわけ印象深く、また不安にもさせるのがシャガールの堕天使です。パウル・クレー（Paul Klee）の天使は、より明るく、抽象的でありながら、同時に人間的な印象を与えます。ここには、子どもたちにも魅力的な「忘れっぽい」天使、あるいは「疑り深い」天使といった現代的な姿のものがあります。「翼をもった」天使というイメージの表現は、中世以降のものです。それらはしたがって自明のイメージではありませんが、魅力的ではあります。

大人の私たちは、おそらくリルケ（Rilke）の天使を「ドゥイノの悲歌」から知っているでしょう。今日、新たに私たちは、印象深い天使の詞や天使物語を記したローゼ・アウスレンダー（Rose Ausländer）やネリー・ザックス（Nelly Sachs）、エルゼ・ラスカー＝シュラー（Else Lasker-Schüler）、イルゼ・アイヒンガー（Ilse Aichinger）等の天使物語を見出すでしょう。とりわけ女性の、そしてしばしばユダヤ人家系の人たちによる作品で扱われます。「どんな天使にもぞっとさせられ、身の毛がよだつ」——これはリルケの文として、もしかしたら私たちの心にいつまでも残っている文章かもしれません。そして、天使と結びついた形で、ユダヤ人の悲惨な運命と重なるイメージもあるかもしれません。たとえそれらの天使に関する作品が私たちに慰めを与えるとしても、それはある種の「危険な」領域に属しています。また、フリードリッヒ・デュレンマット（Friedrich Dürrenmatt）の作品「天使がバビロンへやってきた」は、むしろ不安や息苦しさを解消します。しかし、現代において、説教の中で、天使が登場することはほとんどなく、出てきたとしても消極的な意味しかもっていないという傾向がはっきりしています。このことは、次の新しい時代においては、違っているかもしれませんが。

2　天の軍勢

事柄の性質上、天使に関する問いへの答えを私たちは聖書に求めます。しかし、明確な天使についての教えはそこには出てきません。天使は、出来事の周辺にだけ繰り返し現れるのです。その姿には重要性はありません。描写されるのは稀です。ただ旧約聖書の後半部分とヨハネの黙示録の中に、天使についての詳細な記述があります。黙示録の中で、彼らは神の力をあらわに示します。天使は神の威厳のしるしなのです。

神の従者であり、神を取り巻く類の天使的存在は、他の諸宗教にも見られます。この天使の大軍というものは、私たちのキリスト教信仰にとって中心的というわけではありません。彼らへの信仰が、中世後期など、ある特定の時代には非常に重要であったにもかかわらず。例えば、著名な神学者トマス・アクィナス（一二二五―一二七四）は技巧を凝らした天使の教説を書いています。確かに、ヨハネの黙示録の中では、れっきとした天使の光景が私たちの目前で展開します。しかし、これらの天使は神と同じではありません。彼らは賛美・礼拝されるものではないのです。ですから、黙示録のほぼ終わり（22章9節）において、ヨハネが天使の前でひれ伏そうとした際、天使はこう答えます。「やめよ。わたしは、あなたや、あなたの兄弟である預言者たちや、この書物の言葉を守っている人たちと共に、仕える者である。神を礼拝せよ」。

それゆえ、力ある天使自身が仕えるものであり、しもべなのです。彼らは神の元に導く者です。そして神ご自身が礼拝されるのです。

私たち自身や子どもたちが、非常に具象的である天使の描写から離れることは困難です。この記事は、まさに子どもたちにとって、天の玉座につく神の現実的なイメージをうまく補完します。天の世界は、天使によって華やかに、そして変化に富んだものとなります。しかし、神が上に、人間は地にいる、というイメージは、それによって固定化されてしまいます。そして天使は天に輝く姿によって、神に属する者として表現されています。彼らの翼が示すのは、神と人との間の隔たりに橋を架ける、人間にはない超自然的な力が必要とされる、ということです。ですから、翼をもった神の従者は、神と人間の間のどうにもならない隔たりの表現なのです。彼らは、理解しがたい性格と特徴を負わされ、私たちとかけ離れた世界に属しています。

3　神の使者としての天使

「使者（Boten）」――それは今日もはや存在しません。私たちは、重要な情報を新聞や電話、ファックス、あるいはインターネットで知ります。重要な戦争の情報を届ける伝令、花束を手に持って、子どもの誕生を家々に知らせる女性の使者、これらは過去のものです。郵便配達人（Postbote）という言い方は、まだ以前の使者の役割をわずかに思い起こさせます。しかし、その知らせは、間接的なものです。彼はそれを口伝えに伝えるわけではありません。封筒に入れて受け渡します。孤独な人、恋人たち、重要な職の決定を待つ不安な人たちにとって、到来を家の中でじっと待ち望まれる郵便配達人が、人生を変える知らせを携えた使者であり得ることは、ファックスやEメールの時代である今日、全く稀です。ここで、使者という言葉を通して明らかになることがあります。使者とは、決定的な知らせをもたらす者なのです。

神の使者としての天使は、聖書の中では神を取り巻いて従っている天使よりも重要です。とりわけ、旧約聖書の最初の方では、そのような使者としての天使について語られています。この使者たちは、とりわけ、預言以前の時代に登場します。後の時代になって、預言者たちが、他の聖書物語では天使が担っている課題を果たします。

いずれにしても、「神の使い」というものは聖書に何度も登場します。神の天使は、特別な姿をしていません。その外見は、聖書の中で描写されていません。確かに、この天使というものをたいてい、日常的な身なりをしている一人の男性と見なしています。消え去ってから初めて、天使が訪ねてきたとわかります。あれは、神の使者だったのだ!、と。そのように、神の使者はたいていの場合、祈りのような宗教的な行為でないところで、人間と出会います。彼は気づかれずに近づいてきます。日常的な挨拶、あるいは振る舞いを伴って。彼は、訪れる先の人々と同じような服装をしています。その外観は、控えめです。

「神の使者」は、確かに人間なのですが、しばしば神自身と区別するのが困難です。物語の中で同一の知らせを伝えているにもかかわらず、天使による語りと神による語りが交互に登場していることに意味があります。「アブラハムの接客」（創世記18章）の話では、アブラハムにイサクが生まれることが、三人の男たちによって語られます。彼らは、「普通の」旅人であり、当時の習慣通りにもてなされました。彼らはアブラハムと語ります。しかし、その話の中で、「主はアブラハムに言われた。『なぜサラは笑ったのか。……』」。突如としてその三人の使者が「主なる神」ご自身であることが明らかになりました。

ヤコブは、ベテルで天のはしご（新共同訳聖書「階段」）の夢をみました（創世記28章12節）。「神の御使いたちがそれを上ったり下ったりしていた。見よ、主が傍らに立って言われた。……」。ここにおいても、天使が現れることと神との出会いがとても近いものになっています――モーセが神の呼ぶ声を藪の中で聞く箇所には、次のようにあります。「柴の間に燃え上がっている炎の中に主の御使いが現れた」（出エジプト記3章2節）。その後で、「神は柴の間から声をかけられ」るのです。

神の語りや行為は、この使者の姿をとることによって、とても人間に理解しやすく、とても親しみやすくなります。重要なのは、この神の使者が届けるメッセージであって、彼がどこから来てどこへ行くのか、ではありません。ただメッセージを届けるときだけ、彼は生き生きしています。サムソンの母は、息子の誕生を彼女に約束した天使について夫に語ります（士師記13章）。「……どこからおいでになったのかと尋ねることもできず、その方も名前を明かされませんでした。ただその方は、わたしが身ごもって男の子を産むことになって（いる）……とおっしゃいました」

神が自分を気にかけてくださることを、出会いの中で人々は感じます。神の言葉を伝えることによって天使となった人の言葉を通じて、神は私に新たな希望を与えるのです。

このような仕方で、子どもたちが天使の話を希望の話として聞くとき、天使が子どもたちとなじみのあるものになるのかもしれません。彼らが翼をもっているか、どのような外見なのかというような質問は、重要ではなくなります。あるいは、次のような子どもと共に祈る祈りに見られるように、聖書時代の物語から子どもたちの現代生活における天使の経験へ、という橋渡しができるかもしれません。

神よ、あなたはこの世に天使をお送りになりました。
アブラハムに、また、草原の羊飼いたちに。
翼をもった天使は、人間たちに歌いかけます。
あなたの言葉を届ける人々にも。

あなたは、今ここにも、使者を送ってくださるのですか。
その天使は、私のところにも来るのでしょうか。
私には、それが天使だとすぐにわかるのでしょうか。
教えてください、私はその人に何と呼びかければいいのでしょうか。

天使って、私のように子どもなのでしょうか。
愛する神様、あなたは私をも必要となさるのですか。
私は、天使として助け、慰めをもたらすことができますか。
神様、最も小さき者と最も大きな者に天使を送ってください！

（レギーネ・シントラー）

多くの場合、聖書において神の天使は、たいへんな困窮の中にある人間と出会います。しばしば、民族全体の苦境が問題となっている状況です。それは、不自由という苦しみであり、そういった状況において、神は天使による解放への道を示されます。そして、女性たちにとって、子どもが授からないことは苦しみの原型をなすものです。女性の人生は――私たちとは異なる時代に想像力を向けなければなりません――子どもなしでは、基本的に無意味なのです。彼女らは、夫の他の妻たちの下に位置づけられることになります。みんな息子の誕生を望んでいるのです。

アブラハムの側女ハガルは、妊娠したことに気づくとすぐに、彼女の女主人であるサラを見下しています。子どものないサラには耐えられないことです。彼女はハガルをひどく扱い、ハガルは絶望して荒れ野へ逃れました。そこで、ハガルは天使に出会います。天使は、生まれるのは息子であると預言します。彼女は、その子をイシュマエル（神は聞いてくださる）と名付けました。天使は、ハガルが神によって、また地上の主であるアブラハムによって、受け入れられていることを示すしるしなのです。その後、サラにも天使のお告げにより大きな約束が与えられました。――天使が子どもの誕生を知らせるという物語は、とりわけ子どもたちにとって意味があります。もし、私たちが子どものない親たちの苦しみについて話すならば、子どもたちは自分自身が親にとってどれほど重要なのか感じるでしょう。小さな子ども一人ひとりの喜びが追体験でき、また、それには積極的な意味があります。

新約聖書の中に、ヨハネの誕生を告知する天使がいます（ルカによる福音書1章11節以下）。とりわけイエスの誕生は、天使によってマリアに告げられます（ルカによる福音書1章26節以下）。天使は、イエスの誕生を草原の羊飼いたちに知らせます。特徴的なことですが、新約聖書の中でイエスの生涯と働きが書かれている部分の大半では、いかなる天使の使者も人間のところに現れません。イエス自身がそこにいるからです。彼自身は神の使者ですが、その他の点では全くの人間です。彼が地上に存在することで、天使はある意味で「余分な」ものになります。しかし、イエスが地上を離れた後、再び天使は現れます。天使は悲しむ女性たちに復活を示します。イエスの昇天後、天使はイエスの再臨を示すことによって、意気消沈していた弟子たちを慰めます。天使らが伝える希望は正真正銘、彼らの将来への希望です。

聖書にある二十四の天使の物語が、ラインハルト・ヘルマン（Reinhard Herrmann）の絵によるアドベントカレンダー「天使は間近に」の中に収められています。

4　守護天使――「善い力」？

この「神の使者（Boten Gottes）」と守護天使（Schutzengel）のイメージはどう合致するのでしょうか。今日であればおそらく、子どもたちはルターの夕べの祈りの結びの部分で、このことを学びます。「悪い敵が私に力を振るわないよう、あなたの聖なる天使を私のもとにお送りください！　アーメン！　そしてすぐに気分よく眠りましょう」。また、この天使はいつも私たちの傍にいて、まさに危険な状況の中で、私たちをとりわけ守ってくださる神ご自身についての一つのしるしなのです。そのように理解することで、私には、守護天使について語ることが可能であるように思われます。おそらく詩編34編の歌い手は、8節を記したときに、同様の仕方で天使を理解したのでしょう。

主の使いはその周りに陣を敷き
主を畏れる人を守り助けてくださった。

このような仕方で私たち一人ひとりを取り囲み、守ってくれる守護天使のイメージは――子どもたちはとりわけうまく用いることができます――おそらく、神が見えないお方であり、私たちにはいかなる神の像をつくることも許されていない、という問題に対応する際の一助となってくれるでしょう。人間に向き合うという神の在り方を、天使は体現します。神の代理人として、私たちに同行する守護天使の中に、この特徴が感じ取られるかもしれません。天使の姿は、ここでも描かれる必要はありません。彼が託されている任務がまたしても重要なのです。羽ばたくことによって橋が架けられねばならないような、いかなる隔たりもそこにはありません！

これと関連して、ディートリッヒ・ボンヘッファー（Dietrich Bonhoeffer）が、一九四四年のクリスマス直前に刑務所で婚約者に書いた最後の手紙は、驚くべき、そして慰めに満ちたものです。それにはこうあります。「それは、目に見えない大きな王国で、その中で人は生き、王国の存在を疑うことはありません。もしそれが天使についての古くからある歌、『二人が私を覆い、二人が私を起こす』ものであるなら、目に見えない良い力で、夜も朝も守られてあることは、今日大人の私たちが子どもたちに負けず劣らず必要としていることです」。ボンヘッファーは、ここで十四人の天使についての有名な子どもの夕べの祈りを引き合いに出します。

夜、私が寝ようとすると、
十四人の天使たちが私と一緒に行く
二人が私の右手を、二人が左手を、

二人が頭を、二人が足を守り、
二人が私を覆い、二人が起こし、
二人が私に天国を示した。

仮に今日の子どもたちが、初めに述べたような「羽ばたき」を受け入れず、あるいは誤解したとしても、ボンヘッファーはここで一つ、役に立つつながりを提供しています。この子どもの祈りは、中世時代を起源とし、後にマルティン・ルターによって使用され、エンゲルベルト・フンパーディンク（Engelbert Humperdinck）の作曲によって《ヘンゼルとグレーテル》（一八九三年）の大成功したオペラにまでなり、また、より新しい歌として大いに広まったのです。しかし、ボンヘッファーは、その中に敬虔な歌以上のもの、カトリックの伝統が知る十四救難聖人〔困難に際してその名を唱えて代願を求める十四人の聖人〕に願うこと以上のものを見て取りました。この子どもの歌からの引用は、ボンヘッファーが彼の有名な、後に何度も作曲された詞「良き力に」を婚約者や両親、兄弟姉妹に送った、その同じ手紙の中にあります。危険な状況にある一方で、クリスマスや新年のひと時に、支えとなる「力」について語る詞の中に、私たちも、また、子どもの天使のイメージを安心して一緒に聞くことが許されます。ここに、最初と最後の節を再現してみましょう。

良き力に真実に、静かに囲まれ、
素晴らしく守られ、慰められて、
私は現在の日々をあなた方と共に生きようと思う。
そして、あなた方と共に新しい年へと歩んで行こう。

良き力に素晴らしく守られて、
何が来ようとも、われわれは心安らかにそれを待とう。
神は、夜も朝もわれわれのかたわらにあり、
そしてどの新しい日も必ず共にいまし給う。

〔『ボンヘッファー獄中書簡集』村上伸訳、新教出版社〕

もし、子どもたちが――天使のイメージを「時代遅れ」と言って不安を抱くことなく――自分を支え、「守り」、そして「呼び覚ます」助けとなる、何か「善い力」のようなものを感じるならば、それは良いことであるように私には思えます。反対に私は、例えばエリザベス・キューブラー・ロスの絵本『天使のおともだち』にあるような、奇妙なまでに具体的な天使の描写は避けたほうがいいと考えています。この絵本に描かれた「天使」の絵は――あらゆる死の不安を克服するという意図をもって――子どもたちの思考を、彼らの目にだけ見える世界へいざない、奇妙とも言える意識分裂へと誘います。そこには、確かに人

間がいて、天の国がありますが、他にきわめてはっきり示された天使の中間領域があり、この領域が子どもの意識の中では神の存在を置き換え、イメージの分裂へと導くのです。私たちが秘教的と名付けることができるような仕方で、秘密の特別な知識が作られてしまうのです。

5　他の人にとって天使となる

また、今日の人間は、互いにとっての天使になることができ、また「天使」という言葉が日常生活において、誰にでもぴんと来る仕方で響くことを忘れてはなりません。このことは、本当に散文的な仕方で現れることがあります。次の小さな物語に見られる通りです。この物語は、天使との出会いにつきものの、ある秘密について遅ればせながらようやく明らかにします。それは、この節を締めくくるルードルフ・オットー・ヴィーマー（Rudolf Otto Wiemer）のように、詩的に濃密に表すこともできます。

天使であることは大変だ

一風変わった名前（マシュラウウェックか、それと似た名前）の女性が、マイヤー家の向かいに住んでいた。子どもたちはマチ夫人と名付けて彼女のことを笑った。

「彼女の髪の毛をごらんよ！　えらそうだよね！　それにもう年寄りだし！　ごらん！　新しい口紅を持っている！」

マチ夫人がハイヒールでしずしずと通り過ぎると、子どもたちは台所のドアの陰から笑い、カーテンの後ろに隠れた。

金曜日、トミーが新しい自転車に乗って通りを走っていたとき、全く偶然に彼はマチ夫人の家の扉の前を通り過ぎた。彼女は郵便受けの前に立ち、盛り上がったブロンドヘアの頭を繰り返し振った。手には開いた手紙を持っていた。とても薄い紙に書かれていたので、エアメールだ、とトミーは思った。彼は興味を持ち、何度も彼女の前を通り過ぎた。マチ夫人はトミーに手を振った。トミーにはなぜだかわからなかったが、彼に向かって手を振ったのは明らかだった。彼は自転車を止め、マチ夫人に近づいた。彼女のドイツ語はひどいものだったが、トミーはすぐ、何について話されているのかわかった。エアメールは、目立つ、とても明るくほとんど透明なインクで書かれてあった。まるでインクの色が太陽の光でかすめ取られたように思われた。

「よくみえないわ」とマチ夫人が言い、分厚いメガネを指さした。

トミーが、マチ夫人の家の中で手紙の文字をボールペンではっきりとなぞるのに、彼は良く見えるように窓ガラスに便箋を押し付けなければならなかった。すると、外では他の子どもたちが集まっていた。彼らはトミーを指して笑った。

トミーは、頭にきた。彼は後ろにマチ夫人の気配を感じた。彼女は、彼がなぞってくれた文面に目を通していた。それは知らない言葉で書かれていた。

トミーは、書き終えてほっとした。彼はマチ夫人にボールペンを返した。そして家を飛び出そうとした。

マチ夫人は、しかし、彼の腕をつかんで押しとどめ、言った。「坊や、あなたは天使よ！」。そして何か自信なさげに、「天使……ドイツ語でもこう言うのかしら？」。彼女は笑った。トミーは、マチ夫人がそういうふうに笑うとは思いもよらなかった。

トミーは、自転車の上でひと息入れた。マチ夫人のことを他の子どもたちに説明するのは難儀に感じられた。そして彼はこうも考えた。では、天使であることは、そんなに難儀なことなのだろうか。

（レギーネ・シントラー）

天使というものは、翼をもった男性でなくてもよい。

天使たち、彼らは静かに歩く。彼らは叫ぶ必要がない。

しばしば年寄りで、見栄えが悪く、小柄である。

天使たち、彼らは剣をもたず、白い衣服もまとっていない。
天使は、ひょっとしたらあなたに手を差し出すかもしれない。
あるいは、あなたの家の壁の向こうに住んでいるかもしれない。
天使は、空腹の人にパンをもってきた。
天使は、病人にベッドを用意した。
もし、夜にあなたが彼を呼ぶなら、彼はそれに応じる。
天使は、道に立ち、そして、だめ、と言う。
丸太のように大きく、石のように固い――
天使というものは、翼をもった男性でなくてもよい。

（R・O・ヴィーマー）

6　天使そして悪魔？

天使、悪魔、復活祭のうさぎ、幼子キリスト、サンタクロース、コウノトリ——これらは、子どもたちにとって、なんとも不思議な存在という同一のカテゴリーに属します。復活祭のうさぎやコウノトリのイメージが、子どもたちの成長につれて自然に消えていき、あるいはうまい具合に処理される一方、悪魔に対するいらだちは止まることがありません。むしろ反対に、子どもたちや親たちは、疑問をさらに持ち、あるいは途方に暮れています。悪魔や悪霊はかつて、「堕落した天使」として理解されてきたので、それについて、この天使の章の末尾で問うことには意味があります。

一方、子どもたちにとって、悪魔は人形劇のとても魅力的な登場人物です。悪魔の明らかな特徴は、角あるいは馬の足をもち、黒や赤い色をしていることです。彼は不気味で同時に滑稽な誘惑者です。彼は人々をペテンにかけ、そして夜にやって来ます。……彼は劇の作品、あるいは話の中に、興奮と極めてドラマチックな特徴をもたらします。しかし、子どもたちを不安にもさせます。彼は、地獄によって脅し、人間の中にある罪とかひどい行いに対する責任を負っている、まさに悪の存在ではなかったでしょうか。「悪魔祓い」、オカルト的な「黒ミサ」を幾分でも享受すること、そして不気味な悪魔崇拝は、現代においても半ばひそかに行われています。造形美術に現れている古い悪魔についての叙述、とりわけ終わりの日の審判に関するものは、子どもたちを恐怖におののかせます。私たちはこれらのことを、そもそもどう扱えばよいのでしょうか。

子どもたちに対して恐怖を与える悪魔の表現を、大したことのないものと真っ先に思わせることが、確かに必要です――悪魔をとりあえず人形の姿にして、おもちゃ箱の中に入るよう命じ、ふたを閉めてしまうことで、悪魔は夜、とらわれの身になります。これらは表面的な意味においてですが、比喩的な意味においても同様です。他方、とりわけ、ある程度成長した子どもたちや私たち自身にとって、悪の擬人化として――イエスや神と敵対する悪質な世界、あるいは神と人間の関係の絶え間ない脅威を体現する姿として、私たちは悪魔をまさしく真剣に受け止めねばならないでしょう。聖書の中で神と人との関係は、悪魔をイメージすることが前提とされています。例えば、悪によって、また、アダムとエバのもとに蛇として現れる罪によって、この関係が危機にさらされるのです。悪魔において、この危機は一つの姿をとって化身として理解されます。悪魔を私たちの世界の人格的存在ではない形で理解する「比喩的解釈」は、子どもたちのことを考えると、私には、唯一可能なことのように思えます。――とはいえ、具体的なことを好む子どもたちにとっては難しいことではありますが。それはある意味で、悪魔を「非神話化」し、具体的な現れ方から解放することであり、そうして、危機をもたらす魔術的存在への恐怖を減少させることです。もう一つ別の従来の解釈が、もちろん今日も、公的なカトリック教会の声明では支持されるでしょう。しかし、カトリック神学者たち、例えばヘルベルト・ハーグ（Herbert Haag）は、たいへん注目されている著書『悪魔との決別』でこういった見解に対して反論しています。

新約聖書に、悪魔は（「ディアボロス［diabolos］」あるいはしばしば「サタナス［satanas］」と記されています）全体でおよそ七十回登場します。悪魔や悪霊は、悪の姿として独立して存在することが前提とされています。それらはかつての時代の思想界を構成する部分なのです。それゆえ、その存在と外見は、どこにおいても描写されていません。

「イエスに対する誘惑」、その話は、三つの共観福音書のほぼ冒頭にあり、例えばマタイによる福音書（4章1—11節）に記されていますが、その中で、悪魔はイエスによって徹底的に打ち負かされました。ここでわかることは、悪が力を持つことがあり得て、それは危険であるということです。悪魔は三度試みました。石をパンに変えること、驚くほど高い神殿の塔から飛び降りること。全世界を越えた力を持つこと、です。それによって、イエスは自分が神的存在であることを、はたして証明できたのでしょうか。イエスはその申し出を拒絶しました。彼は、悪魔の誘いに対して、「ただ」神の言葉に従ったのです。彼は、旧約聖書の言葉によって、誘いに応答しました。「退け、サタン」。その話の最後にイエスの命令があります。悪はもはやいかなる力も持っていません。「そこで、悪魔は離れ去った。すると、天使たちが来てイエスに仕えた」

悪魔は、たいてい表情を伏せて登場します。身を隠すために、言い伝えや伝説によって擬装しています。そのため、私たちが理解する人格に属するものとはほとんど対極に立っています。ですから、言い伝えの中では、悪魔には影が欠けています。影は、悪魔と契約を交わした人間にも欠けています。この関連で、アーデルベルト・フォン・シャミッソー（Adelbert von Chamisso）による、悪魔に自分の影を売った『ペーター・シュレミールの不思議なお話』が有名です。悪魔はしかし、ただ影がないだけではありません。彼は、我・汝関係に敵対する者なのです。彼は、秘密めかすことが好きで、オープンな話を嫌います。隠れたことや、不可解なことが、彼を不気味にし、まさに「サタン的（すなわち『敵対する者』）」にしていきます。それによって、彼は非人格（Un-Person）になります。この視点から、悪魔は確かに悪を体現してはいますが、人格としてイメージされることが求められる「邪悪な者」として見なされるわけではないのは、自然なことではないでしょうか。

もしかするとキリスト教教育の枠内では、異教徒的用法の「悪魔」の方が、できるだけちゃんとしていて正しい悪魔の話よりも重要なのかもしれません。なぜなら、悪は私たちより強くはない、私たちはそれに勝つことができる、と子どもたちは学ぶからです。ひょっとすると、子どもたちは、人形劇の中で悪魔への勝利を演出するかもしれませんし、恐れを抱かせる姿そのものをおもちゃ箱の中に隠してしまうかもしれません。悪魔を取り扱う際、昔から民衆の祭りは、悪が身体化した姿が出現するのに一役買ってきました。真冬の行列の中で、もじゃもじゃの同伴者たち、つまり、悪魔のような身なりの存在が、聖ニコラウスあるいは幼子キリストによって追い払われ、叩き出されます。

それゆえに、悪魔によって恐怖を抱くことが問題なのではありません。私たちは、悪魔への問いによって、むしろ主の祈りの「悪より救い出したまえ」という願いにたどり着きます。私たちが賛美する神は、私たちを悪から守ってくださいます。その際、神との関係、そしてまた、人と人とのつながりにおいて守られていると感じることが有益なのです。

訳者あとがき

本書は、スイスのキリスト教教育家レギーネ・シントラーによるZur Hoffnung erziehen: Gott im Kinderalltag（Verlag Ernst Kaufmann, Theologischer Verlag Zürich, 3 Auflage 2006）の前半部分を翻訳したものです。

このテキストは、一九七七年に出版されたErziehen zur Hoffnung: Ein Elternbuch zur religiösen Erziehungをもとにしています。その後一九八一年、一九八六年と二度改訂され、一九九九年にタイトルも含め、今回の形に全面的に書き直されました。

1. 著者について

レギーネ・シントラーは、一九三五年にベルリンで生まれ、スイスのチューリッヒで育ちました。彼女の父マルティン・ヒューリマンはスイス出版協会会長で、旅行家・写真家でした。母ベッティーナ・ヒューリマンは絵本研究者・編集者でした。レギーネは幼い頃から本に囲まれた恵まれた環境で育ちました。五人のお子さんを育て、作家としてチューリッヒ湖畔にご伴侶と生活し、二〇一三年に召天しました。

彼女は、ドイツ文学と歴史学（博士号）を修めた後、すでに物語を書き始め、数多くの子ども向けの本を出版しました。また、教派を超えた新聞「開放への歩み」の編集者も務めました。彼女は、旧新約聖書から八十話を選び、現代の子供に合った言葉で、『神様と共に歩む旅』（一九九六年、『聖書物語』下田尾治郎訳、一九九九年、福音館書店）という子ども向け聖書を作り上げました。一九八五年に、彼女はチューリッヒ大学で神学名誉博士号を、また、彼女の子ども向けの書籍に対して、スイス青少年書籍賞、カトリック子ども書籍賞、チューリッヒ州名誉表彰 (Ehrengabe) 等が与えられました。

2. 全面改訂に至る過程

日本では、二度改訂された後のテキスト Erziehen zur Hoffnung が、『希望への教育――子どもとキリスト教』（一九九二年）ならびに『子どもと祝うキリスト教の祭り――希望への教育2』（一九九五年）として、加藤善治・茂純子・上田哲世の訳によって日本キリスト教団出版局から出されています。この本が書かれた背景や改訂の理由等は、すでに一九九二年の翻訳の序文に記されていますので、ここでは概要のみ紹介します。

そもそも、シントラーが『希望への教育』を書き始めた動機は、彼女が、生活の中での「神との結びつき」によって、「希望に満ちた生活」へと変えられる、との確信を得たことにあります。それは、彼女の五人の子育ての中で感じてきた事柄であり、さらにドイツやスイスでの講演会で出会った人々からの質問の蓄積がもととなったと言われています。

彼女の説明によれば、出版から四年後の最初の改訂では、「現代の子どもたちのイエス像」や「子どものための聖餐式」の問題が重要と感じながらも、新しい文献一覧表を添えるにとどまったそうです。二度目の改訂では、先の二つのテーマと、「子どもと死」の問題を充実させて取り上げました。

さて、今回三度目の全面改訂では、ドイツ語では、「希望へ（Zur Hoffnung）」が前に出され、「教育する（erziehen）」がそれに続く語順になっています。以前のものは、「教育する」がタイトルの頭にあり、副題に「宗教教育のための親の本」がありました。どちらかと言うと旧版は「教育」に重点が置かれているのに比べ、新版は「希望」がより強調されています。

本書の序の部分に、今回の全面改訂の理由が記載されています。彼女は、現代世界を「不安に満ちた世界」と捉え、その中で子どもたちに「希望と活力を与える」ため、決まった宗教に根付かせること（Beheimatung）が大事と説きます。旧版が出された一九七〇年代に、「反権威主義的教育」者らから批判された「権威的な神の像への畏れ」は、今日姿を消しました。また、宗教教育に関する子ども向けの本も入手可能です。しかし、彼女は、未だに子ども自身の、また親の疑問があり、教案づくりの課題となっていると言います。それらの問いの背後には神学的・宗教教育的問題があります。冒頭部分にある「子どもたちにとって宗教、それとも諸宗教？」の箇所で明らかに問題提起されているように、キリスト教を教えることのみを語るだけでは不十分な時代に、現代の子どもたちは生きている、との著者自身の認識から出発しています。

シントラーは、「子どもたちは、安心感と信仰の基礎として、そして『寛容』のために必要な基礎として、さらに他宗教に対する基本的な関心を広げるためにも、『一つの』宗教に根を下ろすことが必要」と主張しています。彼女は、その宗教を「家」の比喩で表現しています。その家は、彼女にとって「キリスト教」です。それは、大きく、窓や入口、そして部屋がたくさんあり、「外国の諸宗教」を信じる人もそこで歓迎されると言います。彼女は、キリスト教以外の宗教を排他的に扱うのではなく、寛容に受け入れるためにも、キリスト教に「根を下ろした」信仰と安心の生活を子どもたちと共に育むことを望み、今回の全面改訂に至ったのです。

2. 概要

原著は、全体で四部構成になっています。今回は出版の都合上、第Ⅰ部「希望への教育」、第Ⅱ部「子どもと共にいる神」のみを翻訳しました。ここは、主にシントラーのキリスト教保育・教育に対する理論が主に展開されている部分です。その概要を以下説明します。

第Ⅰ部「希望への教育」は、今回の全面改訂で新たに設けられた部分です。そこでは、言葉や宗教が異なる子どもとの日常生活での出会い、地球環境への配慮や第三世界、メディアやテクノロジーに取り囲まれ、消費社会に浸かった子どもの生活など、グローバル化する社会に生きる子どもたちの日常生活から、宗教教育の問題を指摘しています。また、放蕩息子の話から、女性の神のイメージを提言しています。さらに、「希望する（hoffen）」の語源を説明し、希望は「目に見えないものに対して目を開かせる」と言います。それは、個人的なものに留まらず、他の人に伝えることもできます。さらに彼女は、ヤコブ物語を例にとり、「天と地にはしごをかけること」が希望への教育の目指すことであると語ります。今日の子どもたちには、夢が必要であり、ファンタジーを思いめぐらす、心の自由な空間が大切です。そのためには、子どもの内面に安心感がもたらされねばならない、と説きます。

第Ⅱ部「子どもと共にいる神」では、主に子どもの持つ神のイメージや、祈りについて、また世界の始まりや環境問題、苦しみや死、善と悪、イエスとの出会い、そして天使など、子どもたちが生活の中で疑問に感じる様々なテーマを十章に分けて扱っています。旧版では、「教育」や「罰」を含んでいましたが、新版では、罰の部分が薄まり、自然や生活環境の中で子どもがどのように神を意識するのか、に重点が置かれています。その神のイメージは、従来の父なる神、男性をイメージさせるものより、むしろ、母なる神、女性としての神の在り方により接近する子どもたちの意識が指摘されています。彼女は、「主の祈り」の内容についても、そこで細かに解説を加えています。

また、新版で特徴的な他宗教からの視点は、「子どもと死」の扱い方にも見出せます。息子を亡くした母親の悲しみをいやすためのエピソードは、仏教の話からとられています。さらに、「神の天使」の章は、旧版ではどちらかといえば物語にある教材の一つとして扱われていました。しかし、新版では、ある少年と外国人の女性との出会いを通して、彼が彼女にとって「天使」になった、という出来事が紹介されています。子どもたちの生活の中に、神の使いが実際にどのような姿で登場するかが、生き生きと描かれているのです。

今回は翻訳されていませんが、後半の第Ⅲ部、第Ⅳ部では、より実践的な課題を扱っています。ここでは、その項目のみ紹介いたします。第Ⅲ部は、「教会と祭り」と題して、教会暦やキリスト教の行事（クリスマス、受難節、イースター、昇天祭、ペンテコステ）、聖餐式、そして聖書の出来事を物語ることの大切さなどが説明されています。第Ⅳ部では、「メルヘン、慣習と子どもの本」という題がつけられています。「イースターラビット、幼子キリスト、聖ニコラウス」など、キリスト教の祭りの中で、子どもたちに身近な題材を扱い、従来の宗教教育と異なるアプローチの大切さを具体的に説いています。

旧版と比べ、新版では、全体的に構成が刷新されました。しかし、「信仰の故郷を求めるべき」という彼女の主張は、今回も引き続き残されています。また、子どもの信仰の特徴として、「ファンタジー」の意義や祈りの重要性も、従来同様に指摘されています。


私はキリスト教系の幼稚園の園長を、大学教員との兼務でしたが、六年間経験しました。もっぱら、管理職としての仕事が多かったのですが、時々、子どもたちの前でお祈りやお話をすることもありました。ある日、一人の園児が私に聞きました。「神様は、世界中の人たちの願いを聞いてくれるの？」「そうだよ」と私は答えました。「でも、一度にたくさんの人の話は聞けないいんじゃないの？」とさらに聞きます。

「そうだね。でも神様はものすごいスピードで移動しているから、人間の目には見えないだけだよ」と答えました。その園児は半分納得したような顔をして私から離れていきました。

私の答えは、神学的には間違っているのかもしれません。けれども、もし私が「全知全能の神には何もできないことはない」と紋切型の答えをしても、その子は満足しなかったでしょう。シントラー氏なら、どう答えたでしょうか。いずれにせよ、子どもたちの理解のレベルに大人が下りて行って、一緒に考える姿勢は、シントラーと共有できるのではないかと思っています。

本書の刊行にあたって、日本キリスト教団出版局の出版第一課の方々、翻訳の校正に関わってくださった方々に大変お世話になりました。また、奥田和弘聖和大学名誉教授にも心より感謝申し上げます。

二〇一六年七月　福岡にて

深谷　潤

深谷《ふかや》　潤《じゅん》

1964 年　福島県に生まれる
1988 年　国際基督教大学教養学部卒業
1994 年　国際基督教大学大学院教育学研究科博士後期課程満期退学
　　　　平安女学院短期大学保育科講師
2004 年　西南学院大学文学部児童教育学科助教授
2005 年　西南学院舞鶴幼稚園園長兼務（～ 2011 年）
2011 年　マインツ大学（独）客員研究員（～ 2012 年）
現在、西南学院大学人間科学部児童教育学科教授（教育学、教育哲学）

著書
“The Japanese Moral Framework and Jaspers's Philosophy”, in: Kulturkonflikte und Kommunikation: Zur Aktualität von Jaspers' Philosophie, Andreas Cesana (Hrsg.), Königshausen & Neumann, 2016、『現代日本プロテスタント・キリスト教教育理論の変遷――キリスト教教育哲学の視座から』（中川書店、2013 年）、NCC 教育部歴史編纂委員会編『教会教育の歩み――日曜学校から始まるキリスト教教育史』（共著、教文館、2007 年）、『ヤスパースと三人の神学者たち――キリスト教教育哲学の断片』（溪水社、2002 年）、他
訳書
カール・ヤスパース『哲学的信仰』（共訳、理想社、1998 年）、他

レギーネ・シントラー
希望の教育へ――子どもと共にいる神

2016年 10月25日　初版発行　　ⓒ深谷　潤　2016

訳者――深谷　潤

発行――日本キリスト教団出版局

169-0051　東京都新宿区西早稲田 2 丁目 3 の 18
電話・営業 03（3204）0422，編集 03（3204）0424
http://bp-uccj.jp

印刷・製本―三松堂印刷

ISBN978-4-8184-0949-1 C0016　日キ販
Printed in Japan

子どもと祝うキリスト教の祭り　希望への教育2

R. シントラー 著　上田哲世／加藤善治／茂純子 訳

● B6判／198頁／1,800円

クリスマスやイースターなどのキリスト教の祭りをどう祝うか。また聖書のお話を子どもたちにどう伝えていくか。5人の子の母である児童文学者が、豊富な実例をまじえて解説。

10代と歩む洗礼・堅信への道

朴憲郁／平野克己 監修

● B5判／144頁／2,000円

10代の洗礼志願者が楽しく学べるよう工夫された全15章の参加型プログラム。指導者のためのわかりやすい説明、志願者のケア等も掲載。志願者用ワークシート収載CD-ROM付。

絵本・ことばのよろこび

松居　直 著

●四六判／192頁／1,500円

絵本は文字を教える教科書ではない。親が子どもに読みきかせて共に絵本の世界の喜びをわかち合う時、豊かな実を結ぶ。絵本出版40年の著者が語る、絵本の喜びと絵本作家群像。

子どもの本・ことばといのち

松居　直 著

●四六判／258頁／1,900円

『ハイジ』『フランダースの犬』『バンビ』など、厳選された16点の児童文学・絵本から、キリスト教の深遠なメッセージが愛情深く聴き取られ、読者に手渡される読書案内。

（価格は税別です。重版の際に定価が変わることがあります。）